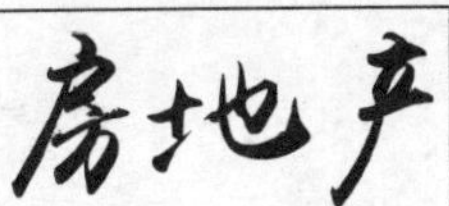

企业管理攻略系列

Real Estate
Enterprise Management
Strategies

Real Estate
Enterprise Management
Strategies

房地产项目经理工作指南

吴日荣 /主编

化学工业出版社

·北京·

《房地产项目经理工作指南》一书详细介绍了项目经理的岗位认知、项目进度管理、项目质量管理、项目安全管理、项目成本管理、项目后期管理等内容，定位于实际操作，完全去理论化，内容简洁实用，同时附有大量的案例和范本。

《房地产项目经理工作指南》一书既可作为专业培训机构、高校房地产专业等的教材，也可以作为房地产企业从业人员工作的“作业指导书”，直接应用于实际工作中。

图书在版编目（CIP）数据

房地产项目经理工作指南/吴日荣主编. —北京：化学工业出版社，2017.4（2020.4重印）
（房地产企业管理攻略系列）
ISBN 978-7-122-29133-2

Ⅰ.①房… Ⅱ.①吴… Ⅲ.①房地产-项目管理-指南 Ⅳ.①F293.33-62

中国版本图书馆 CIP 数据核字（2017）第 033955 号

责任编辑：陈　蕾　　　　装帧设计：尹琳琳
责任校对：宋　玮

出版发行：化学工业出版社（北京市东城区青年湖南街 13 号　邮政编码 100011）
印　　装：大厂聚鑫印刷有限责任公司
710mm×1000mm　1/16　印张 13　字数 235 千字　　2020 年 4 月北京第 1 版第 3 次印刷

购书咨询：010-64518888　　　　售后服务：010-64518899
网　　址：http://www.cip.com.cn
凡购买本书，如有缺损质量问题，本社销售中心负责调换。

定　　价：49.00 元　　

前言 PREFACE

近年来，中国楼市紧跟大势步入新常态，房地产市场转型步伐加快，行业竞争迈入品牌核心优势竞争阶段。有机构公布的“2015年中国房地产品牌价值研究报告”指出，2015年行业领导公司品牌中海地产、万科与保利地产的品牌价值分别达397.59亿元、395.62亿元和361.48亿元。三家企业品牌总值首次超过千亿，行业强势领导品牌地位持续彰显。同时，2015年全国品牌TOP10企业的品牌价值均值为116.61亿元，同比增长13.25%。国内地产品牌大力整合资源，其品牌价值正持续上升。

房地产领先品牌企业准确把握行业专业化发展趋势，以客户需求为导向，潜心专注房地产细分领域品牌打造，以特色品牌发展模式锻造鲜明的专业品牌形象，品牌价值得到进一步提升。在房地产行业转型发展持续深入的背景下，品牌房地产企业依托自身较高的市场认可度、优质的品质保障等优势，持续降低企业在融资、拿地等方面成本，以较低的投入获得优质战略发展资源，以有效的成本管控保障企业盈利水平，为持续的企业价值创造与品牌价值积累奠定基础。

房地产企业的不断优化、发展、壮大，自身的管理很重要，对于管理层的要求也越来越高。房地产企业的竞争，很大程度上也是人才的竞争，好的团队必然会为房地产企业带来好的发展。

如果把一个企业比做一个人，高层管理者就是大脑，要思考企业的方向和战略；中层就是脊梁，要去协助大脑传达和执行命令到四肢——基层。而高层管理人员是指对整个组织的管理负有全面责任的人，他们的主要职责是制定组织的总目标、总战略，掌握组织的大政方针，并评价整个组织的绩效。企业高层管理人员的作用主要是参与重大决策和全盘负责某个部门，兼有参谋和主管双重身份。

作为房地产企业的管理层，尤其是高层管理人员，必须强化自身素质，提升管理水平，才能在房地产迅速发展和激烈竞争中取得一席之地。

《房地产项目经理工作指南》一书定位于实际操作，完全去理论化，内容简洁实用，同时附有大量的案例和范本，既可作为专业培训机构、院校房地产专业等的培训教材，也可以作为房地产企业从业人员工作的“作业指导书”，直接应用于实际工作中。

本书详细介绍了项目经理的岗位认知、项目进度管理、项目质量管理、项目安全管理、项目成本管理、项目后期管理等内容，便于房地产企业的项目经理参照学习。

本书由吴日荣主编，在编写过程中，还获得了许多行业精英的帮助和支持，其中参与编写和提供资料的有齐国颜、曹艳铭、匡仲发、匡五寿、黄治淮、宁仁梅、王禹、王玲、王春华、王高翔、李辉、李勋源、李景安、李家林、李永江、许丽洁、许华、冯飞、陈素娥、张立冬、唐晓航、唐乃勇、雷蕾、靳玉良、邹雨桐、吴俊、段青民、况平、刘建伟、刘珍、匡仲潇，最后全书由滕宝红统稿、审核完成。

由于编者水平有限，不足之处在所难免，希望广大读者批评指正。

编者

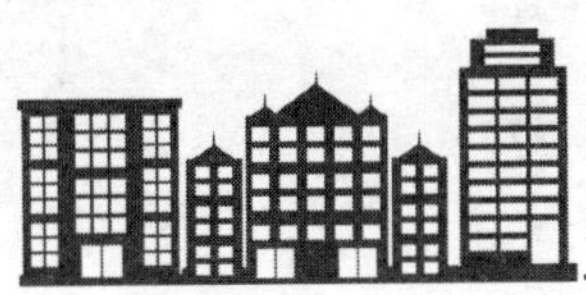

目录 CONTENTS

第一章

岗位认知

工作指引

所谓岗位认知，是指对一个工作岗位的理解和认识。对于项目经理来说，只有全面、深刻地认识并理解其岗位职责、工作技能要求、个人能力要求，才能在平时的工作中认真履行其职责，当好项目团队的领头羊。

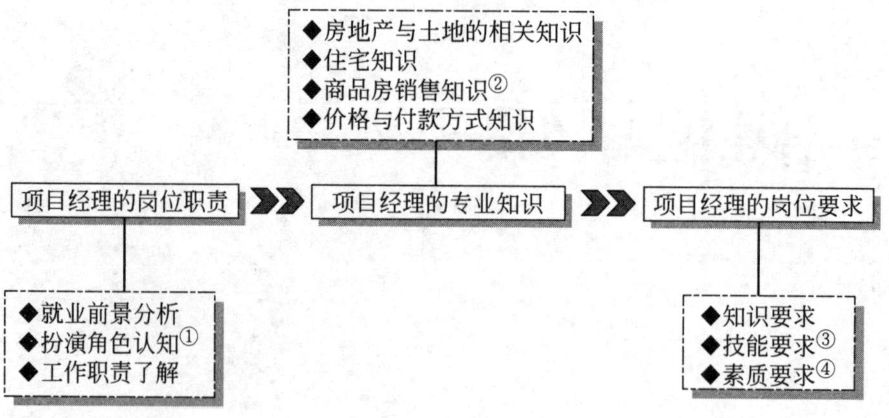

【图示说明】

① 项目经理是项目管理的第一负责人，在项目管理中起着举足轻重的作用，项目经理在项目管理中为了将项目完成得更好，通常在项目中扮演着如下四个角色：项目的决策者、项目的计划者、项目的控制者、项目的沟通者。

② 商品房进行现售时必须取得“五证”“两书”。“五证”是指“国有土地使用证”“建设用地规划许可证”“建设工程规划许可证”“建设工程施工许可证”“商品房销售预售许可证”。“二书”是指《住宅质量保证书》《住宅使用说明书》。

③ 在现代房地产项目中，由于项目自身及其所处环境的复杂性，导致项目对项目经理的能力具有特殊的要求，具体如下：领导能力、沟通技巧、人际交往能力、应付压力的能力、培养员工的能力、时间管理技能。

④ 在市场经济环境中，项目经理的综合素质是最重要的，他不仅应具备一般领导者的素质，还应符合项目管理的特殊要求，具体要求如下：执著坚持、有亲和力、品德高尚、口才良好、责任心强、以身作则、善于总结。

第一节 项目经理的岗位职责

顾名思义，项目经理是项目的管理者，他们是项目的核心人物，也是项目成功的关键。当项目的概念已经被熟识和利用的同时，也应意识到项目中有关人员的重要性。项目经理是项目团队的领导者，他们所肩负的责任就是领导团队准时、优质地完成全部工作，在不超出预算的情况下实现项目目标。

一、就业前景分析

项目管理是 20 世纪 50 年代后期发展起来的一种计划管理方法，是指把各种系统、资源和人员有效地结合在一起，采用规范化的管理流程，在规定的时间、预算和质量目标范围内完成项目。项目管理在发达国家已经逐步发展成为独立的学科体系，成为现代管理学的重要分支，并广泛应用于建筑、工程、电子、通信、计算机、航空航天、核能、化工、金融、投资、制造、咨询、服务、公共事业、教育文化以及国防等诸多行业。

房地产业已成为有效拉动中国国民经济增长与社会发展的支柱产业，同时也是最具有持续发展与增长潜力的产业，房地产业的企业和相关单位对有效掌握土木工程技术与相关专业技术、国际国内房地产开发建设管理与经营管理、经济和专业法律知识、具备房地产开发建设管理与经营管理综合能力和房地产资产经营与管理综合能力的高素质、复合型人才具有持续增长的需求。

二、扮演角色认知

项目经理是项目管理的第一负责人，在项目管理中起着举足轻重的作用，项目经理在项目管理中为了将项目完成得更好，通常在项目中扮演着四个角色，这四个角色如图 1-1 所示。

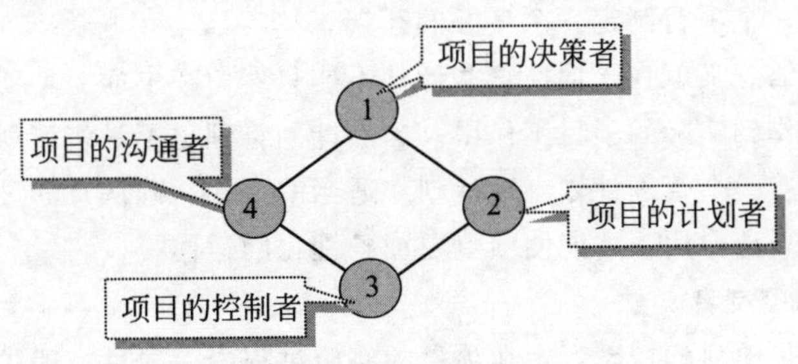

图 1-1　房地产项目经理扮演的角色

1. 项目的决策者

项目经理是项目的决策者，项目成果是项目经理的意志体现，项目管理过程则是项目经理意志展现的延伸。作为一个好的项目经理，必然会运用手中的各项权利对项目进行合理的安排，并根据公司和客户的需求和规定建立有效的管理规定。

项目经理是项目管理的第一人，在项目的运行期间，项目经理指挥项目成员对项目进行构建，同时，通过合理的变更，来不断清晰客户的真实需求，明确产品的最终功能和性能要求，使产品最终达到满足客户切实需求的目的。

为了应对风险和问题，任何一项决策均要通过有关人员的充分讨论，并经充分论证后才能做出决定，这不仅可以做到“以德服人”，而且由于聚集了多人的智慧后，该决策将更得民心、更具有说服力，也更科学、更全面。

2. 项目的计划者

项目经理是项目的计划者，项目需要做多长时间、需要多少人力资源、需要做成什么样子等，这些都将通过项目经理的计划进行体现。计划就是决定个人、群体、工作单位或组织未来的目标和活动的有意识的、系统的过程。计划为工作单位和个人未来的行动提供了清晰的远景。在项目集成管理中，如果没有全面细致的计划，仅有里程碑式的粗略计划，那么就不能以此指导项目执行和控制，对项目的进度情况也难以判断。计划不细致、不全面，资源难以落实、成本不易控制，导致了项目的低效率、高成本。

项目计划是一个卷宗，通常包括如图 1-2 所示的内容。

图 1-2　项目计划包括的内容

计划可谓是相互交织，复杂多样，所以项目经理作为项目的计划者要充分关注这一点，给一个项目制定一个良好的开端。

计划管理的意义就在于促使这些计划不能只停留在书面上，项目经理要确保制订的计划运作到实际的项目工作中。当然计划管理也不是将计划一成不变的执行下去，它也有一个管理计划（对计划作适当的变更、确认）的过程，这样才起到一个计划的真正作用，才能使项目更加条理化的运作。

3. 项目的控制者

项目经理是项目的控制者，在项目的实施过程中，项目经理犹如钢琴的弹奏者，表达了项目的控制能力。如何做项目管理的控制者，对项目经理可以说不是个难题，但是如何把控制能力发挥得淋漓尽致则有一定的难度。项目经理在项目管理过程中会遇到两个方面的控制，如图 1-3 所示。

“按时、保质地完成项目”大概是每一位项目经理最希望做到的，但工期拖延的情况却时常发生，因而合理地安排项目时间是项目管理中一项关键内容，它的目的是保证按时完成项目、合理分配资源、发挥最佳工作效率。它的主要工作

图 1-3　项目管理过程中出现的两个控制

包括定义项目活动、任务、活动排序，及每项活动的合理工期估算、制订项目完整的进度计划、资源共享分配、监控项目进度等内容。

进度控制首先要明确项目目标、可交付产品的范围定义文档和项目的工作分解结构。由于一些是明显的、项目所必需的工作，而另一些则具有一定的隐蔽性，所以要以经验为基础，列出完整的完成项目所必需的工作，同时要有专家审定过程，以此为基础才能制订出可行的项目进度计划，进行合理的时间管理和进度控制。

项目经理为了做好进度控制应首先将项目工作分解为更小、更易管理的工作包，也叫活动或任务，这些小的活动应该是能够保障完成交付产品的可实施的详细任务。在项目实施中，要将所有活动列成一个明确的活动清单，并且让项目团队的每一个成员能够清楚有多少工作需要处理。

4. 项目的沟通者

项目经理是项目里的大管家，客户关系要管，项目成员的牢骚要管，公司领导的问责要管，项目经理必须要协调好项目组内的沟通、与公司领导层的沟通以及与客户的沟通。频繁、有效的沟通可以保证项目的顺利进行，及时发现潜在问题，征求改进项目工作的建议，保持客户的满意度，避免发生意外。

项目经理应该了解项目成员的特长和兴趣在哪里，以便更好的交流，这种非正式的项目外的交流对于团队的建设是至关重要的。注意倾听团队成员的意见和关注所在，主动与团队成员接触，良好的团队成员关系可以使项目的进度和运行过程更快、更高、更强。

项目经理是作为项目与公司各相关部门沟通的界面，要代表项目与其他相关部门就项目变更带来的相应变化进行沟通、协商，以获得来自其他部门的必要的协作。有效的沟通，可以让大家了解到项目的进展情况，加强各方有利资源的关注程度，还可以明确各个组织的责任，避免项目经理与公司领导或与客户的分歧引起的责任不清的问题。

总之，项目经理作为一个项目的直接负责人，在整个项目中必须做为项目的决策者、项目的计划者、项目的控制者、项目的沟通者，才能将一个项目做的顺利和出色。

相关链接：

项目经理——一个头衔，多种角色

相信大家可能听过很多有关对项目经理角色的描述，比如类似于一个轮船的船长，或者乐队的指挥，或者是一个团队的教练，甚至是一台机器的润滑剂等。每个描述都有各自的观点和可信度，但是又都不是非常全面。为了能够更好地理解项目经理到底需要做什么，下面简短的对项目经理的角色进行一个介绍。

规划者：为了确保项目的成功，对项目进行合适并完整的定义，和各干系人共同确认这些工作方式的可行性，所需要的资源能够得到支持，以及每个过程在各自的位置上都能够得到执行和控制。

组织者：使用工作分解、估算和进度管理技术，定义需要完成项目的各项工作，此过程中需要排列合适的活动顺序，当工作分配确认完成后，确认谁来负责具体执行、所涉及的工作需要耗费多少成本等。

焦点所有者：在整个沟通过程中，作为口头沟通和书面沟通的中心点，为其他各类沟通环节提供支持和服务。

军需官：确保项目过程中的资源、材料和设备能够在需要时及时得到支持。

促进者：确保具有不同观点的干系人和团队成员能够互相理解工作内容，并一起工作，共同实现项目目标。

说服者：与干系人在项目定义、成功标准和方法上获得一致意见；在整个项目过程中管理干系人期望，平衡时间、成本和质量竞争要求，同时获得关于资源决策和问题解决措施方面的一致观点。

问题解决者：通过根本原因分析过程经验，优化项目经验和技术知识，来解决尚未感知的技术问题，并就任何必要问题提出纠正措施。

保护伞：努力为项目团队营造一个远离政治和“噪声”的环境，让他们高效和专注地为项目工作。

教练：与每一位项目团队成员进行沟通，让他们感受到各自在项目中角色的重要性，为项目的成功贡献力量。寻找方法来激励每一位员工，帮助员工改善他们的技能，同时及时获取他们的工作反馈，以提升他们的绩效。

斗牛犬：确保各类承诺能够有效执行，各类问题能够得到解决，并完成指定的行动目标。

图书馆：管理在项目中的所有信息、沟通以及问题解决文档。

保险代理人：通过持续的监督来识别风险，并能够提前为这些风险制定应对措施。

警官：持续衡量违反计划的行为，制定纠正措施，审核项目过程和交付成果的质量。

销售：说服者和教练角色的延伸，但是这个角色更强调将项目的利益“销售”给组织，像“变更代理者”那样服务，鼓舞团队成员实现项目目标，并且克服项目过程中的各种挑战。

三、工作职责了解

作为一名房地产公司的项目经理，必须先了解自己的岗位职责，才能做好份内事，当好领头人。下面先来看看两则招聘启事。

相关链接：

××房地产公司项目经理招聘启事（一）

职位描述：项目经理。

岗位职责：(1) 全面负责建筑项目的管理和运作，确保制度和流程有效执行，项目计划进度、质量、安全和成本控制，保证经营目标的实现。

(2) 参与项目初期的研究、方案选择、技术论证，主持设计过程中结构专业的方案优化。

(3) 负责对施工单位的施工进度、质量安全、消防和监理单位的监理工作实施监控。

(4) 负责组织施工过程的分阶段验收和竣工验收，组织竣工备案手续。

(5) 负责开发项目的成本控制，根据工程进度和工作量完成情况拨付工程款，参与工程项目的竣工决算工作。

(6) 负责销售计划的编制和执行，参与销售方案的制定与落实，及销售队伍的管理及业务指导。

(7) 配合其他部门做好与开发项目相关的工作。

任职要求：(1) 本科及以上学历，建筑、土木、结构、房地产开发管理、企业管理、城市规划、土地管理等相关专业。

(2) 熟悉相关工程标准、规范，熟悉工程规划设计方案、专项技术工程方案、工程技术方案的审批及房地产工程预算。

(3) 熟悉工程管理、招标投标、成本控制等方面工作，具备协调能力和处理解决问题的能力，有出色的组织管理才能。

(4) 熟悉国家经济政策、房地产管理的宏观政策，具备房地产投资分析能力。

(5) 严谨的专业态度，良好的职业素养，良好的统筹、组织、协调能力，善于团队协作及管理。

(6) 具有房地产行业从业资格证优先。

(7) 自觉严谨、公正律己、敬业、豁达自信；高度的工作热情，良好的团队合作精神，较强的观察力和应变能力。

相关链接：

××房地产公司项目经理招聘启事（二）

职位月薪：面议　　工作地点：北京

发布日期：2016-10-27　　工作性质：全职

工作经验：不限　　最低学历：本科

招聘人数：1人　　职位类别：房地产项目经理

一、岗位职责

(1) 组织编制工程部门的各项管理制度，并监督各项制度的执行工作。

(2) 根据项目整体的开发计划，制订相应的工程进度计划并监督执行。

(3) 抓好质量控制点，保证整个工程项目的质量。

(4) 负责施工的现场组织、协调和管理，有效地进行进度控制和成本控制。

(5) 负责整个工程项目的技术管理工作。

(6) 及时、妥善处理项目工程实施中出现的重大问题。

(7) 控制工程项目的各项成本，合理运用各项支出。

(8) 妥善处理好工程项目所设计的诸多方面关系。

(9) 监督、检查工程项目部各项工作计划的执行情况。

二、任职要求

(1) 本科及以上学历，工民建、规划、建筑类相关专业。

(2) 8年以上建筑行业工程管理工作经验，有独立操作大型建筑工程经验者优先。

(3) 熟悉国家和地方的相关法律、法规、政策及行业规范，熟悉房地产开发项目的详细流程，熟悉工程项目前期规划、设计工作内容、流程及关键环节，有全面管理大型建筑工程项目的能力。

(4) 具有较强的计划实施能力，较强的组织协调和沟通能力，有较强的责任心、团队协作精神和领导能力。

(5) 思路清晰、善于总结、勤于思考，能承担较大压力。

从上述招聘启事中，相信你对项目经理这个岗位也有了一定的了解吧。

作为房地产企业的项目经理，必须真正明确自身的职责、任务，才能带领项目部全体人员做好项目的建设工作，为企业创造最大的价值。对于项目经理来说，主要职责如图 1-4 所示。

职责一：全面负责建筑项目的管理和运作，确保制度和流程有效执行，实施项目计划进度、质量、安全和成本控制，保证经营目标的实现

职责二：参与项目初期的研究、方案选择、技术论证，主持设计过程中结构专业的方案优化

职责三：负责对施工单位的施工进度、质量安全、消防和监理单位的监理工作实施监控

职责四：负责组织施工过程的分阶段验收和竣工验收，办理竣工备案手续

职责五：负责开发项目的成本控制，根据工程进度和工作量完成情况拨付工程款，参与工程项目的竣工决算工作

职责六：配合其他部门做好与开发项目相关的工作

图 1-4　房地产项目经理的主要职责

第二节　项目经理的专业知识

作为一名房地产项目经理，应对房地产的相关知识有全面的了解，包括房地产与土地的相关知识、住宅知识、商品房销售知识、价格与付款方式知识等方面的内容。

一、房地产与土地的相关知识

1. 房地产

对于房地产的概念，应该从两个方面来理解：房地产既是一种客观存在的物质形态，同时也是一项法律权利。

作为一种客观存在的物质形态，房地产是指房产和地产的总称，包括土地和土地上永久建筑物及其所衍生的权利。如图 1-5 所示。

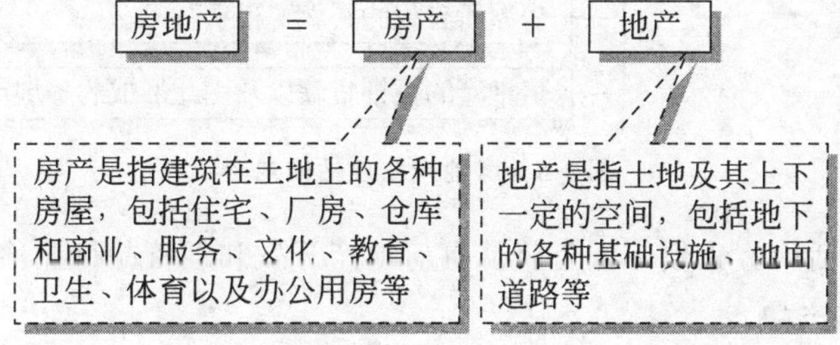

图 1-5　房地产是房产和地产的总称

房地产由于其自己的特点即位置的固定性和不可移动性，在经济学上又被称为不动产，可以有三种存在形态，如图 1-6 所示。

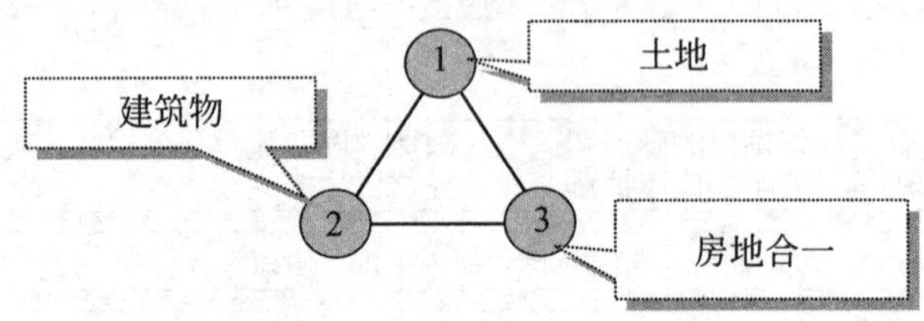

图 1-6　房地产的三种存在形态

法律意义上的房地产本质是一种财产权利，这种财产权利是指寓含于房地产实体中的各种经济利益以及由此而形成的各种权利，如图 1-7 所示。

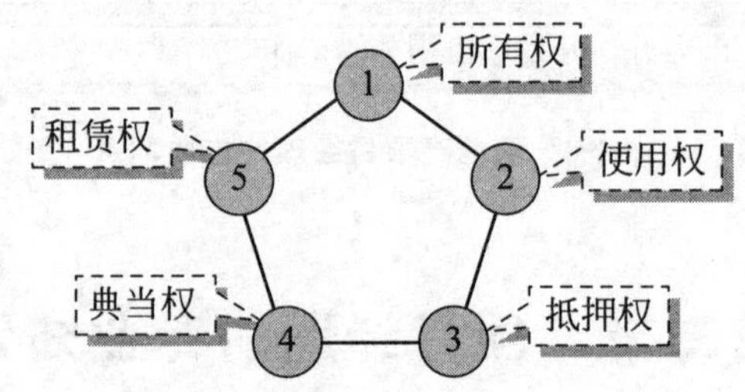

图 1-7　房地产的财产权利

2. 房地产业

房地产业是指：以土地和建筑物为经营对象，从事房地产开发、建设、经营、管理以及维修、装饰和服务的集多种经济活动为一体的综合性产业，是具有先导性、基础性、带动性和风险性的产业。房地产业主要包括以下一些内容，如图 1-8 所示。

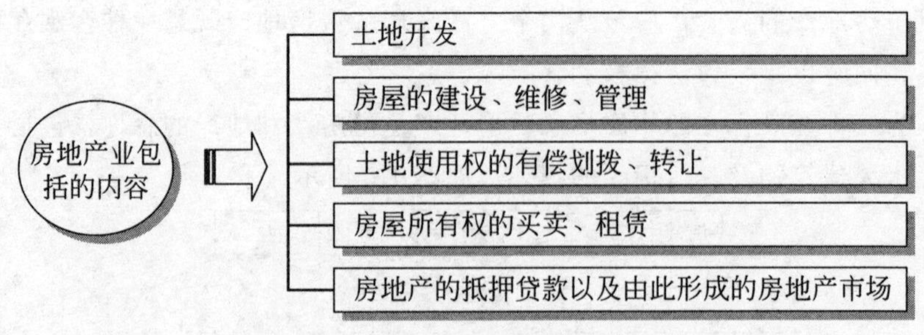

图 1-8　房地产业包括的内容

在实际生活中，人们习惯于将从事房地产开发和经营的行业称为房地产业。

3. 房地产产权

房地产产权是将房地产这一不动产作为一种重要的特殊的财产而形成的物

权，是依照国家法律对其所有的房地产享有直接管理支配并享受其利益以及排除他人干涉的权利，包括房地产所有权、占有权、用益权和处分权，具体如图 1-9 所示。

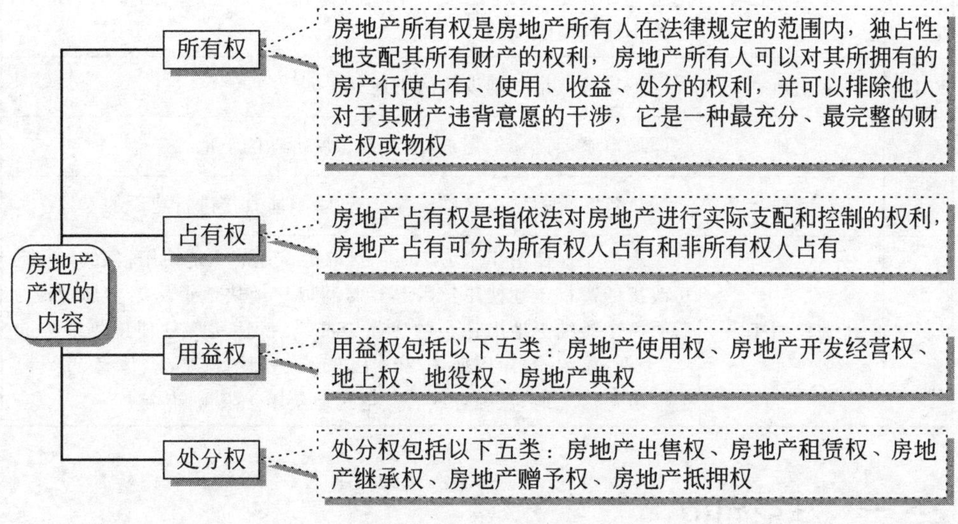

图 1-9 房地产产权的内容

房地产权属登记是指国家管理机关对房地产的权属状况进行持续的记录，并颁发权利证书的法律制度。

由于房地产具有不可移动性的特征，所以房地产的流通仅仅表现为权利主体的变更和相关权利的设定、变更。而权利必须由法律以一定方式进行确认和公示，由此各个国家对房地产的有效管理几乎都通过房地产权属登记来进行，以保障交易安全、促进房地产市场有序发展。

4. 土地

这里所说的土地是指用来作房地产开发的土地，与其相关的基本术语见表 1-1。

表 1-1 土地的相关术语

序号	基本术语	定义
1	土地所有权	土地所有权是指土地所有者依法对土地占有、使用、收益、处分的权利，我国土地所有权分为国家土地所有权和集体土地所有权，自然人不能成为土地所有权的主体
2	土地使用权	即国家机关、企事业单位、农民集体和公民个人，以及三资企业，凡具备法定条件者，依照法定程序或依约定对国有土地或农民集体土地所享有的占有、利用、收益和有限处分的权利，一般包括农用地、建设用地、未利用地的使用权

续表

序号	基本术语	定义
3	土地开发	主要是对未利用土地的开发利用,要实现耕地总量动态平衡,未利用土地开发是补充耕地的一种有效途径,一是土地利用范围的扩大,二是土地利用深度的开发
4	生地	即不具备城市基础设施的土地
5	毛地	即城市基础设施不完善、地上有房屋拆迁的土地
6	熟地	即具备完善的城市基础设施、土地平整能直接进行建设的土地
7	土地使用年限	住宅的土地使用年限为70年,自取得该地的土地使用权之时算起;房改房的产权土地使用年限起算时间以该地块地上房屋参加房改之后第一个缴纳土地出让金的房屋为准;经济适用房的使用年限为50年;商业、旅游、娱乐用地40年;工业用地和教育、文化、体育、卫生等公益事业性土地,及综合或者其他用地使用年限为50年

二、住宅知识

1. 住宅的分类

按住宅的性质划分，主要有以下7种，见表1-2。

表1-2　按住宅的性质划分住宅的类型

序号	类别	定义
1	智能化住宅	即将各种家用自动化设备、电器设备、计算机及网络系统与建筑技术和艺术有机结合,以获得一种居住安全、环境健康、经济合理、生活便利、服务周到的感觉,使人感到温馨舒适,并能激发人的创造性的住宅型建筑物
2	商住住宅	即SOHO(居家办公)住宅观念的一种延伸,它适合于小型公司以及依赖网络进行社会活动的人群
3	经济适用住房	即面向中低收入家庭的普通住宅,适用、经济、美观、安全、卫生、便利,符合城市规划的要求,使用功能要满足居民基本生活的需要,建设标准要符合住宅建设标准,结合市场需求确定
4	酒店式公寓	即建筑的结构形式类似于酒店,而负责管理的物业公司提供酒店模式的服务,如客房打扫、洗衣等,同时居室内配有全套家具及厨房设备
5	廉租房	即政府和单位在住房领域实施社会保障功能,向具有城镇常住户口居民的最低收入家庭提供的租金相对低廉的普通住房

续表

序号	类别	定义
6	公有住房	即国家和单位投资建设或购买的、产权属国家或单位所有的住房
7	集资房	即改变住房建设由国家和单位统包的制度，实行国家、单位、个人三者共同承担，通过多渠道筹集资金，由政府或单位组织建房，或由居民自发组织建造住房，以此解决职工住房困难的一种住房建设方式

按住宅的建筑形式划分，主要有以下 3 种，见表 1-3。

表 1-3　按住宅的建筑形式划分住宅类型

序号	类别	定义
1	单元式住宅	即以一个楼梯为几户服务的单元组合体，一般为多、高层住宅所采用
2	公寓式住宅	即每一层内有若干单户独用的套房，包括卧房、起居室、客厅、浴室、厕所、厨房、阳台等
3	花园式住宅	即带有花园草坪和车库的独院式平房或二、三层小楼，住宅内水、电、暖供给一应俱全，户外道路、通信、购物、绿化都有较高的标准

按住宅的层数划分，主要有以下 5 种，见表 1-4。

表 1-4　按住宅的层数划分住宅类型

序号	类别	定义
1	低层住宅	即（一户）独立式住宅、（二户）联立式住宅和（多户）联排式住宅，适合儿童或老人的生活，住户间干扰少，有宜人的居住氛围
2	多层住宅	即借助公共楼梯垂直交通，是一种最具有代表性的城市集合住宅
3	小高层住宅	即 7～10 层高的集合住宅，从高度上说具有多层住宅的氛围，但又是较低的高层住宅，故称为小高层
4	高层住宅	即住宅内部空间的组合方式主要受住宅内公共交通系统的影响，按住宅内公共交通系统分类，可分单元式和走廊式两大类，其中单元式又可分为独立单元式和组合单元式，走廊式又分为内廊式、外廊式和跃廊式
5	超高层住宅	即多为 30 层以上，其电梯的数量、消防设施、通风排烟设备和人员安全疏散设施更加复杂，结构本身的抗震和荷载也大大加强，在外墙面的装修上档次也较高

按住宅的完工程度来划分，主要有以下 8 种，见表 1-5。

表 1-5　按住宅的完工程度划分住宅的类型

序号	类别	定义
1	期房	即在建的、尚未完成建设的、不能交付使用的房屋，开发商从取得商品房预售许可证开始到取得房地产权证（大产证）止，在这一期间的商品房称为期房
2	现房	即消费者在购买时具备即买即可入住的商品房，只有拥有房产证和土地使用证才能称之为现房
3	准现房	即房屋主体已基本封顶完工，小区内的楼宇及设施的大致轮廓已初现，房型、楼间距等重要因素已经一目了然，工程正处在内外墙装修和进行配套施工阶段的房屋
4	毛坯房	即未经过处理或只经过部分装修处理的房屋，这些房屋大部分不能保证基本入住，要入住这样的房屋，一般要对其进行较大的改造、装修
5	尾房	即项目销售八九成以后剩余或长时间没有销售出去的房屋，又称之为“尾楼”
6	二手房	即已经在房地产交易中心备过案、完成初始登记和总登记的、再次上市进行交易的房产
7	简装房	即住房内部做了简单装修，如客厅、卧室的地面、墙面、顶面不做面层；厨房、卫生间的地面、墙面、顶面做了面层；有内门；卫生间内有中档卫生间设备；厨房内有料理台、水龙头、洗涤盆；有简单灯具；不封阳台
8	精装房	即对房子的建筑部分进行过精装修的房子，如对木制的储藏橱、柜，和厨、厕的墙、地面等作了精心处理装饰，顶面进行了吊顶，设置了灯池等，有的还配置了门禁、烟感器或防盗等安全报警设备

2. 住宅的建筑结构

（1）从采用的结构墙体材料上分。从采用的结构墙体材料上分，主要有以下两种类型，如图 1-10 所示。

（2）从受力传递系统上分。从受力传递系统上分，主要有以下两种类型，如图 1-11 所示。

3. 住宅的户型结构

（1）成套单元住宅的户型结构。成套单元住宅的户型结构主要有以下 4 种，见表 1-6。

第一类　砌体结构

即我国广泛采用的多层住宅建筑的剪力墙结构形式，一般采用钢筋混凝土预制楼板、屋面板作为楼、屋面结构层，竖向承重构件采用砖砌体，如砖混结构、砌块结构等

第二类　现浇钢筋混凝土结构和轻钢结构等

即由梁、板、柱所组成，框架结构的楼板大多采用现浇钢筋混凝土板，框架间的填充墙多采用轻质砌体墙

图 1-10　从采用的结构墙体材料划分住宅的建筑结构

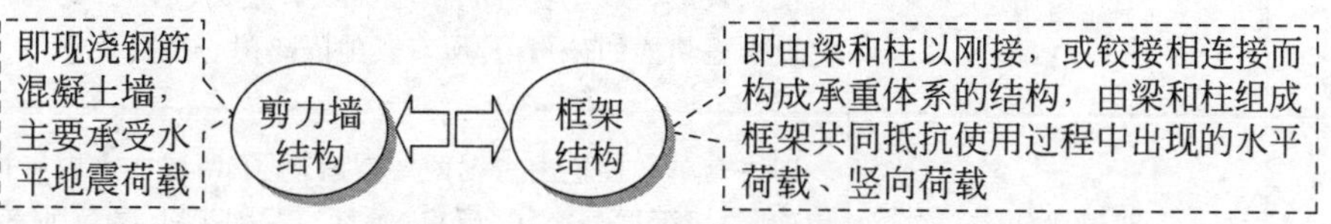

图 1-11　从受力传递系统划分住宅的建筑结构

表 1-6　成套单元住宅的户型结构

序号	户型结构	诠释	备注
1	厅	应位于住宅的中心位置,靠近门户,同时与其他房间密切相连,厅的大小要与整套房间的格局相协调	一般 80 平方米的户型,厅的面积以 18～20 平方米为佳
2	卧室	“前厅后卧”是一种较为典型的户型结构	主卧室面积大小要合适,一般以 18 平方米左右为宜
3	厨房	应通风采光良好,应有窗或开向走廊的窗户,并宜配置服务阳台	为避免渗水发生,尽可能做到管道下穿楼板,面积以 5～8 平方米为宜
4	卫生间	应有便溺、洗浴、洗衣四个功能,并适当分离与组合	其大小应与整套户型的面积标准相适应,一般以 4 平方米以上为宜

（2）特殊的户型结构。特殊的户型结构主要有以下 5 种，见表 1-7。

4. 住宅建设的技术经济指标

（1）建筑密度。建筑密度即建筑物的覆盖率，具体指项目用地范围内所有建筑的基底总面积与规划建设用地面积之比（%），它可以反映出一定用地范围内的空地率和建筑密集程度。

表 1-7 特殊的户型结构

序号	类别	定义
1	“蜗居式”小户型	这种小户型住宅，虽比标准户型的面积要小 1/3 左右，但比较精巧，布局较为合理
2	“大开间、空壳型”户型	一般建筑面积为 80 平方米左右，每户有一个无隔墙的大空间，与阳台、厨房、卫生间连接处也只有过梁而没有隔墙门窗
3	“毛坯型”住宅	即完成土建、水电等基本工程：地面为粗糙的混凝土面；房顶仅抹灰层；预留卫生间、浴缸、水、管道、气管道；每套住宅只设防盗功能的分户门，所有其他隔离门一概自装
4	跃层式住宅	即一套单套住宅内占据两层空间，上下两层在室内有楼梯相连，一般下层为客厅、厨房、餐厅、卫生间，上层为卧室、书房、卫生间，也可设有起居室
5	复式住宅	即根据人体工学原理并考虑到住户生活活动频度的差异，对室内空间进行科学的平面和层次的分割

计算公式如下：

建筑密度＝建筑首层面积÷规划用地面积

(2) 建筑容积率。建筑容积率即建筑总楼板面积与建筑基地面积的比值。

计算公式如下：

容积率＝总建筑面积÷总用地面积(与占地面积不同)

(3) 绿地率。绿地率即居住区用地范围内各类绿地的总和与居住区用地的比率（%）。

计算公式如下：

绿地率＝各类绿地总面积÷居住区总面积×100%

(4) 得房率。得房率即套内建筑面积与套（单元）建筑面积之比。

计算公式如下：

套内建筑面积＝套内使用面积＋套内墙体面积＋阳台建筑面积

套（单元）建筑面积＝套内建筑面积＋分摊的公用建筑面积

(5) 实用率。实用率是套内建筑面积和住宅面积之比，大于使用率。

计算公式如下：

实用率＝套内建筑面积÷(套内建筑面积＋分摊的共有共用建筑面积)

相关链接：

常见的房地产建筑类面积术语

一般来说，常见的房地产面积术语主要有以下10种，具体见下表。

常见的房地产建筑类面积术语

序号	面积术语	诠释
1	建筑面积	即建筑物外墙外围所围成空间的水平面积，包含了房屋居住的可用面积、墙体柱体占地面积、楼梯走道面积、其他公摊面积等
2	使用面积	即住宅各层平面中直接供住户生活使用的净面积之和，计算住宅租金，都是按使用面积计算
3	公用面积	即住宅楼内为住户出入方便、正常交往、保障生活所设置的公共走廊、楼梯、电梯间、水箱间等所占面积的总和
4	计租面积	作为计算房租的面积，住宅用房按使用面积计算，包括居室、客厅、卫生间、厨房、过道、楼梯、阳台（闭合式按一半计算）、壁橱等，非住宅用房按建筑面积计算
5	分摊的共有共用建筑面积	即各产权主共同分摊和共同所有并共同使用的建筑面积，包括电梯井、管道井、楼梯间、垃圾道、变电室、设备间、公用门厅、过道、地下室、值班警卫室等，以及为整幢建筑服务的公共用房和管理用房的建筑面积，以水平投影面积计算
6	套内墙体面积	即套内使用空间周围的维护或承重墙体或其他承重支撑体所占的面积，其中各套之间的分隔墙和套与公共建筑空间的分隔以及外墙（包括山墙）等共有墙，均按水平投影面积的一半计入套内墙体面积
7	套内阳台建筑面积	即均按阳台外围与房屋外墙之间的水平投影面积计算，其中封闭的阳台，按水平投影全部计算建筑面积，未封闭的阳台，则按水平投影的一半计算建筑面积
8	公摊面积	商品房分摊的公用建筑面积主要由两部分组成： (1)电梯井、楼梯间、垃圾道、变电室、设备室、公共门厅和过道等功能上为整幢建筑服务的公共用房和管理用房的建筑面积 (2)各单元与楼宇公共建筑空间之间的分隔以及外墙（包括山墙）墙体水平投影面积的50%
9	辅助面积	即住宅建筑各层中不直接供住户生活的室内净面积，包括过道、厨房、卫生间、厕所、起居室、储藏室等
10	销售面积	即商品房按“套”或“单元”出售，其销售面积为购房者所购买的套内，或单元内建筑面积与应分摊的共有建筑面积之和

5. 住宅的三维空间

住宅的三维空间，是指住宅的进深、开间和层高，具体如图 1-12 所示。

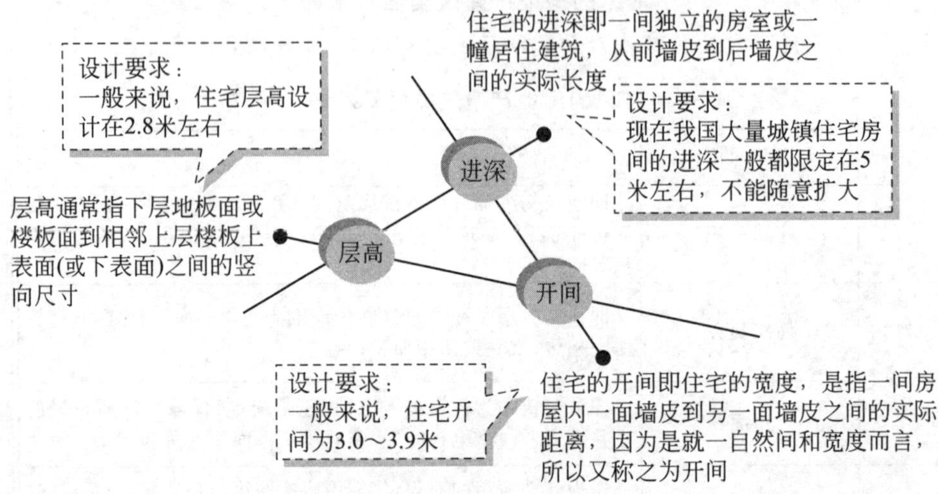

图 1-12　住宅的三维空间

三、商品房销售知识

1. 商品房预售

商品房预售是指房地产开发企业与购房者约定，由购房者交付定金或预付款，而在未来一定日期拥有现房的房产交易行为，其实质是房屋期货买卖，买卖的只是房屋的一张期货合约。

（1）商品房预售的条件。房屋预售虽然是一种可行的销售方式，但如果管理不善，极易导致投机行为，损害消费者的正当权益。为此，《中华人民共和国城市房地产管理法》专门对房屋预售的条件作出了规定。根据该法第四十四条第一款的规定，房屋预售应当符合下列条件，如图 1-13 所示。

条件一　已交付全部土地使用权出让金，取得土地使用权证书

条件二　持有建设工程规划许可证

条件三　按提供预售的房屋计算，投入开发建设的资金达到工程建设总投资的25%以上，并已经确定施工进度和竣工交付日期

条件四　已经同金融机构签订预售款监管协议

条件五　取得商品房预售许可证明

图 1-13　商品房预售的条件

（2）《商品房预售许可证》的申请和办理。开发企业进行商品房预售前，应

向房地产管理部门申请预售许可证，取得《商品房预售许可证》，才可以进行商品房预售。在申请《商品房预售许可证》时，需带齐以下资料。

——企业法人营业执照（副本）。

——房地产开发企业资质证书（副本）。

——国有土地使用权证。

——建设用地规划许可证。

——建筑施工许可证。

——建设工程规划许可证。

——计委立项批文。

——《市行政服务中心建设项目一站式审批办证收费核查表》、《市行政服务中心建设项目一站式收费审核把关表》。

——总平面图。

——预售方案：商品房的位置、结构、朝向、装修标准、竣工交付日期、预售面积、预售套数、预售均价、预售对象、预售方式、委托代理机构证书、委托合同。

——施工合同。

——房地产开发项目手册。

——白蚁预防证。

——前期物业管理用房备案通知书。

——商品房投资强度咨询报告。

（3）商品房预售的一般流程。一般来说，商品房的预售可以按照以下流程进行，如图 1-14 所示。

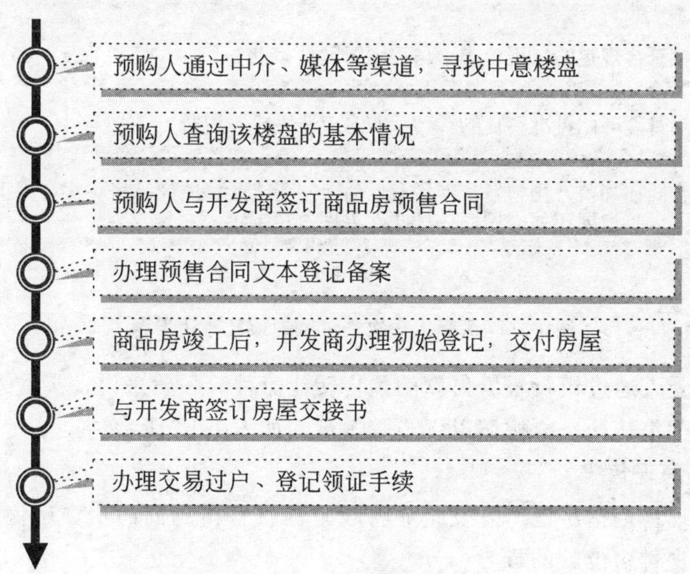

图 1-14　商品房预售的一般流程

（4）预售商品房的转让。预售商品房的转让即房地产权利人通过买卖、赠与或者其他合法方式将其房地产转移给他人的行为。

允许预售商品房进行转让是有前提条件的，其具体内容如图 1-15 所示。

条件一 开发商与买受人所签订的商品房买卖合同在有效期内

条件二 商品房预售合同已生效，并办理了预售登记或交易手续，交清了相关的税费

条件三 预售房屋还没有实际交付之前

条件四 转让行为符合当地有关法规、政策，没有违法行为

图 1-15 允许预售商品房进行转让的前提条件

在办理预售转让手续时，一般有以下两种情况。

——买受人一次性付款的预售转让流程。一般来说，买受人一次性付款的预售转让，应按照以下步骤进行，如图 1-16 所示。

买受人与受让人签订一式四份的转让合同，合同中应载明转让的预售合同的编号、转让原因、金额、面积、双方的权利和义务等内容，转让合同必须征得开发商的同意并在合同上签字盖章

转让双方持预售合同、转让合同及有关的证件，到预售登记的交易主管部门申办预售转让登记

经审核符合规定的，报市国土与房屋管理局审批

经交易管理部门批准转让的，转让双方应缴纳相关税费

转让合同在加盖“预售登记专用章”后，买受人所持原商品房买卖合同正本移交给受让人，等房屋正式交用后，凭此件办理过户手续

图 1-16 买受人一次性付款的预售转让步骤

——买受人通过银行贷款付款的预售转让流程。一般来说，买受人通过银行贷款付款的预售转让，应按照以下步骤进行，如图 1-17 所示。

2. 商品房现售

商品房现售是指房地产开发企业将竣工验收合格的商品房，出售给买受人，并由买受人支付房价款的行为。

国家对商品房现售的条件做了具体的规定，其具体内容如图 1-18 所示。

开发商、银行、买受人、受让方应共同协商，达成一致意见后，买受人向贷款银行提出申请，要求转让所购房屋、解除贷款合同，并要经过银行同意

开发商与原买受人解除原房屋买卖合同，并与受让方重新签订商品房买卖合同

办理预售合同登记的变更手续，其与买受人一次性付款的预售转让的手续相同

买受人与贷款银行解除借款合同，开发商与贷款银行解除担保合同

图 1-17　买受人通过银行贷款付款的预售转让流程

条件一　现售商品房的房地产开发企业应当具有企业法人营业执照和房地产开发企业资质证书

条件二　取得土地使用权证书或者使用土地的批准文件

条件三　持有建设工程规划许可证和施工许可证

条件四　已通过竣工验收

条件五　拆迁安置已经落实

条件六　供水、供电、燃气、通信等配套基础设施具备交付使用条件，其他配套基础设施和公共设施具备交付使用条件或已确定施工进度和交付日期

条件七　物业管理方案已经落实

图 1-18　商品房现售的条件

3. 商品房买卖合同应具备的内容

根据有关法律规定，商品房买卖合同应当明确以下主要内容，如图 1-19 所示。

- 当事人名称或者姓名和住所
- 商品房基本状况
- 商品房的销售方式
- 商品房价款的确定方式及总价款、付款方式、付款时间
- 交付使用条件及日期
- 装饰、设备标准承诺
- 供水、供电、供热、燃气、通信、道路、绿化等配套基础设施和公共设施的交付承诺和有关权益、责任
- 公共配套建筑的产权归属
- 面积差异的处理方式
- 办理产权登记有关事宜
- 解决争议的方法
- 违约责任
- 双方约定的其他事项

图 1-19　商品买卖合同应具备的内容

4. 商品房的五证、二书

商品房的“五证”是指“国有土地使用证”“建设用地规划许可证”“建设工程规划许可证”“建设工程施工许可证”“商品房销售预售许可证”。“二书”是指《住宅质量保证书》《住宅使用说明书》。具体如图 1-20 所示。

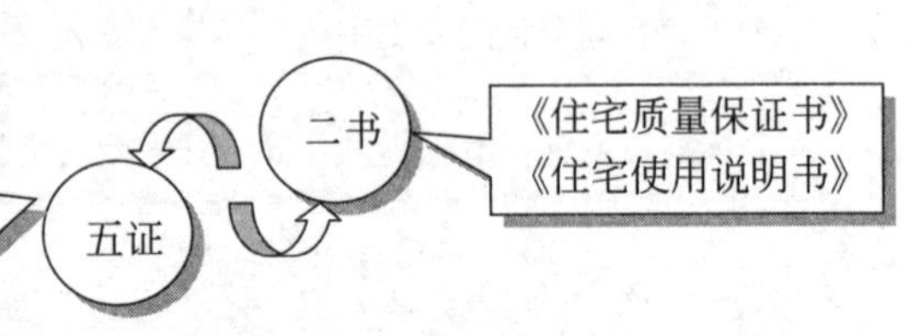

图 1-20 商品房的五证、二书

相关链接：

《商品房销售许可证》的办理

一、办理《商品房销售许可证》所需资料

一般来说，在办理《商品房销售许可证》时，需要带齐以下资料。

(1) 商品房销售申请书。

(2) 开发资质证书。

(3) 企业法人营业执照。

(4) 授权委托书。

(5) 国有土地使用证。

(6) 建设项目批文及建设工程规划许可证。

(7) 施工许可证及规划核准图。

(8) 人防批复。

(9) 预售房款监管合同。

(10) 前期物业管理协议。

(11) 地名办批复及公安门牌编码。

(12) 外销批文。

(13) 预售商品房共用部位审核表。

(14) 窗口表。

(15) 其他材料。

二、办理《商品房销售许可证》的基本流程

在办理《商品房销售许可证》时，可按照以下流程进行，如下图所示。

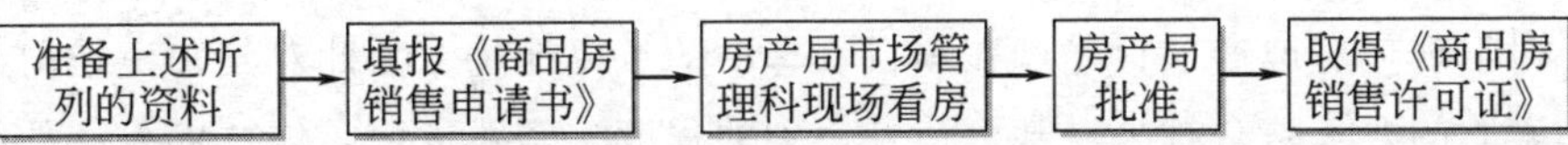

办理《商品房销售许可证》的基本流程

四、价格与付款方式知识

1. 价格术语

作为一名项目经理，应该知晓与房产销售价格相关的价格术语，具体见表1-8。

表1-8　价格术语

序号	类别	定义
1	起价	起价也叫起步价，是指本物业所有房源中的最低销售价格，一般是指户型格局、朝向不好的楼房价格
2	基价	基价也叫基础价，是指经过核算而确定的每平方米商品房的基本价格，基价是针对房地产定价方法而言的，与起步价没有关系
3	均价	均价是指本物业的平均销售价格，将各套房子的销售价格相加之后除以各单位建筑面积的总和，即可得出每平方米的均价，均价一般不作为对外的销售价格
4	表价	表价是指楼盘销售价目表上标明的各具体单元的销售价格

2. 付款方式

为了吸引客户，许多房地产公司都会提供多种付款方式供客户选择，比较常见的有一次性付款、分期付款、按揭付款，如图1-21所示。

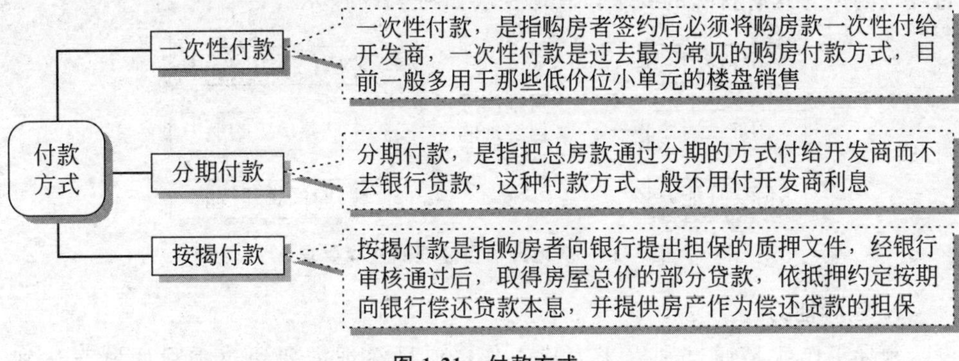

图1-21　付款方式

第三节　项目经理的岗位要求

由于现代房地产项目经理在项目管理中的重要地位，因此对其知识结构、能力和素质的要求越来越高，甚至达到苛刻的程度。实践证明，纯技术人员是不能完全胜任项目经理工作的。

一、知识要求

房地产项目经理首先是一名管理专家，通常要具备如图 1-22 所示的知识要求。

要求一　接受过大学或以上的专业教育

要求二　要有相关的工程技术(包括建筑、结构、电气、给排水、暖通、消防、智能化、市政、总图规划等)、经营管理、合同管理、法律法规等方面的知识和技术

要求三　要接受项目管理的专门培训或再教育

图 1-22　房地产项目经理的知识要求

其中，某些专业知识可能是来自工程方面专家的一般性解说。如果项目经理没有相应的工程专业技术知识，那么他很难在项目管理和实施过程中被人接受和真正介入项目之中。现代房地产项目经理只有具备广博的知识，才能对项目进行迅速的分析和设计，抓住问题的关键，提出解决问题的方法和程序。

二、技能要求

在现代房地产项目中，由于项目自身及其所处环境的复杂性，导致项目对项目经理的能力具有特殊的要求，具体要求如图 1-23 所示。

图 1-23　房地产项目经理的技能要求

1. 领导能力

领导工作就是通过别人来完成工作，项目经理需要通过项目团队来达到

目标。

首先，项目经理应懂得如何授权和分配职责，采取参与和顾问式的领导方式，发挥导向和教练作用，让成员在职责范围内充分发挥能动性，自主地完成项目工作。

其次，项目经理应善于激励。由于项目经理没有太大的权力对成员进行物质方面的激励，因此，非物质激励方式就特别重要。

比如，借助项目的唯一性，给项目成员接受挑战的机会往往可以对优秀的项目成员起到极大的激励作用；另外，对项目成员的工作成绩要及时表示认可，及时是非常重要的，并且最好是当众表扬，比如在上级领导或客户面前对项目团队或具体成员作出正面的评价。

再次，项目经理应该为成员树立榜样，表现出积极的心态，成为团队的典范和信心的源泉。

2. 沟通技巧

有效的沟通是项目顺利进行的保证。项目过程中，项目经理需要通过多种渠道保持与团队及分包商、客户方、公司上级的定期交流沟通，及时了解项目的进程、存在的问题以及获得有益的建议。沟通的方式可以是口头的或书面的，如面谈、电话、邮件、会议等。在沟通过程中，项目经理应善于提问，并做到有效地聆听，能站在对方的角度思考问题。

3. 人际交往能力

良好的人际关系有助于项目的协调，避免生硬的操作方式。协调是随时需要的，主要来自于项目内部及客户，可能是资源的配置问题，也可能是项目范围的调整等。人际交往需要从一点一滴做起，而且往往发生在项目工作之外，项目经理需要主动、热情。

4. 应付压力的能力

项目的特点决定了项目工作过程存在不可预见性，项目经理需要做好随时面对压力或冲突的准备。一旦面临压力或冲突，最重要的是保持冷静，避免陷入困境。项目经理要以乐于解决问题的姿态出现在团队中以及上级或客户面前。

要想项目成功，项目经理是不允许被压垮的。因此，项目经理应经常参加体育锻炼，懂得适时放松自己，保持旺盛的精力。

5. 培养员工的能力

出色的项目经理重视对项目成员的培养，通过项目过程提升员工的能力，促进员工的自我发展。项目经理要帮助成员明晰自己的职业与技能发展方向，分配合适的工作任务，鼓励学习和相互交流。

6. 时间管理技能

当需要在同一时段处理两项以上的任务时，时间管理就是必要的，而项目经理往往需要同时面对数项甚至十几项任务，可见有效的时间管理是极为重要的。项目经理不仅需要管理好自己的时间，还需要与相关部门及人员订立时间使用协议，尽量减少非预期的时间占用。

三、素质要求

在市场经济环境中，项目经理的综合素质是最重要的，他不仅应具备一般领导者的素质，还应符合项目管理的特殊要求，具体要求如图 1-24 所示。

图 1-24 房地产项目经理的素质要求

1. 执着坚持

执着是工作中应具备的精神，是事业成功的关键。在项目管理过程中，会遇到各种问题和挫折，有很多阻力和障碍，项目经理只有坚定信念，坚持原则，才能战胜所有的困难，项目才能取得成功。

2. 有亲和力

亲和力是指项目经理和团队相互依赖、相互信任的能力。亲和力是领导团队走向成功的基础，如果一个团队的向心力不够，各自为政，就很难取得成功。要团队的成员都信任你，你必须要关心下属，主动与下属沟通，为下属争取合法权利等，在日常工作中对下属的工作状况、发展方向进行指导，避免其走弯路；在生活中也对其身体状况进行关心，促进身体和心理健康，更好地完成工作任务。

3. 品德高尚

只有以德服人的人才能以自己的修养和品德感染人。只有乐于助人，以德报怨，才能使团队向心力加强，提高凝聚力和战斗力，顺利完成工作。

4. 口才良好

良好的口才是项目经理鼓舞项目成员的必备武器，良好的口才将会使你无往不利。要使项目管理思想贯彻到每一个项目成员心中，就必须要做到如图 1-25 所示的演讲原则。

原则一	根据项目成员的共同目标向他们制定演讲内容，只有让他们信服才有意义
原则二	调动听众的感官，诉之触觉、视觉、听觉，用黑板、姿势来辅助讲解内容
原则三	不断地总结效果，改进自己演讲宣传的接受度，如果效果不理想，尝试换另一个方式来表达和描述
原则四	让听众学以致用，只有他们积极反馈，才能更深入地了解你的思想

图 1-25　演讲原则

5. 责任心强

项目经理关系到一个项目的成败，对于公司他必须要承担及时汇报项目进度、成本核算和质量系数的责任，同时也必须保证项目组成员绩效考核、政策落实、预留人才储备等责任，是整个项目中责任最大的人，如果没有良好的心理素质和应对能力是无法担负责任的。

实际工作中项目经理主要负责项目组的人员安排调度、工作分配、工作审核、工作跟踪、项目计划、项目汇报总结、成本核算、利润分配等职责。

6. 以身作则

项目管理的一个重要工作就是定义各种规范和制度，但是这些规范和制度的执行除了靠项目经理的执着推行、口才宣传、力主培训、惩戒得当之外，关键还是在于项目经理的以身作则。如果项目经理都违反自己规定的条款，那么团队成员也不会自觉遵守这些规定。

7. 善于总结

项目经理要善于总结，只有不断地总结才能不断地完善，总结成功的经验，也要总结失败的教训，总结的过程就是不断改进的过程。

相关链接：

项目管理成功的关键原则

项目管理，就是以科学的方法和工具，在范围、时间、成本三者之间找到一个合适的平衡点，以便所有项目干系人都尽可能的满意。项目是一次性的，旨在产生独特的产品或服务，但不能孤立地看待和运行项目。这就要求项目经理要用系统的观念来对待项目，认清项目在更大的环境中所处的位置，这样在考虑项目范围、时间及成本时，就会有更为适当的协调原则。具体来说，项目管理成功应遵循以下九个原则。

1. 任何事都应当先规划再执行

就项目管理而言，很多专家和实际工作人员都一致认为：需要项目经理投入的最重要的一件事就是规划。详细而系统的由项目小组成员参与的规划才是项目成功的基础。当出现了不适于规划的情况时，项目经理应制定一个新的规划来反映环境的变化。规划、规划、再规划就是项目经理的一种工作方式。

2. 应时刻向项目小组成员传递紧迫感

项目在时间、资源和经费上都是有限的，项目最终必须完成，但项目小组成员大多有自己的工作，在项目进行过程中，有些人会逐渐丧失紧迫感。这就需要项目经理以各种方式提醒项目小组成员关注项目的目标和截止期限，如定期检查、召开例会、制作一些提醒的标志置于项目的场所等。

3. 确定一种最佳的项目生命周期

标准的信息系统开发模型可以将专业标准和成功经验融入项目计划，不仅可以保证质量，还可以最大限度地降低重复劳动。因此，当遇到时间和预算压力需要削减项目时，项目经理应确定一种最佳的项目生命周期。

4. 使所有项目目标和项目活动能够被生动形象地交流和沟通

项目经理在项目开始就应当形象地向项目小组描述项目的最终目标，以确保与项目有关的每一个人都能记住。项目成本的各个细节也都应当清楚、明确、毫不含糊，确保每个人对此都能达成一致意见。

5. 采用渐进的方式逐步实现目标

如果试图同时完成所有的项目目标，只会造成重复劳动，既浪费时间又浪费金钱。俗话说，一口吃不成胖子，项目目标只能一点一点地去实现，并且每实现一个目标就应进行一次评估，以确保整个项目进程能得以控制。

6. 确保项目得到明确的许可

在实现项目目标的过程中获得明确的许可是非常重要的。应将投资方的签字批准视为项目的出发点，即项目经理应确保项目启动时已获得所有有权拒绝或修改项目目标的人的审查和批准。

7. 按业务需求来设计项目的目标

研究表明，如果按照众所周知记录在案的业务需求来设计项目的目标，则该项目多半会成功。所以，项目经理应当坚持这样一个原则，即在组织机构启动项目之前，就应当为该项目在业务需求中找到充分的依据。

8. 把自己看作项目的卖主

在多数情况下，项目经理应将自己看成是所负责项目的卖主，以督促自己完成投资方和用户交付的任务。

9. 努力为项目团队寻求最佳人选

最佳人选是指受过相应的技能培训、有经验、素质高的人员。对于项目来说，获得最佳人选往往能弥补时间、经费或其他方面的不足。项目经理应当为项目团队成员创造良好的工作环境，帮助他们免受外部干扰，获得必要的工具和条件以发挥他们的才能等。

第二章 项目进度管理

工作指引

项目进度管理是房地产企业常见的管理模式。建筑施工项目管理过程是对项目实施过程中总体计划、协调与控制的进程，以达到预期目标的活动，其中项目进度管理是行之有效的保证施工项目按期、按质、安全、经济达成项目目标的有效工具和保障。

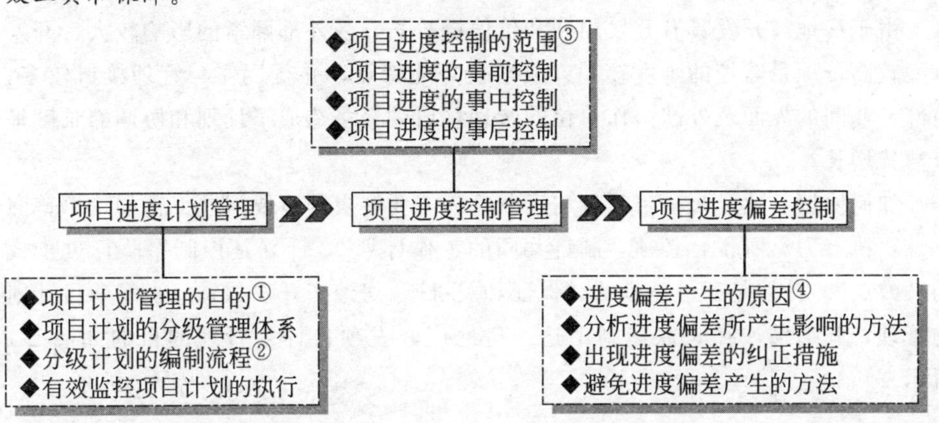

【图示说明】

① 房地产开发项目计划管理有如下目的：确保项目开发任务的顺利完成；保证跨专业、跨部门信息的整合与共享，信息流的畅通；作为管控手段，便于领导对开发过程进行监督与控制。

② 四级计划的编制以项目主项计划的编制为轴心。项目主项计划编制完成后，向上抽取，得到集团关键节点计划；向下扩展，形成项目专项计划及楼栋施工计划。

③ 房地产项目进度控制的总目标贯穿在整个项目的实施过程中，要保证项目进度目标的顺利完成，要保证计划目标与实际值的一致，则项目管理者在进行项目进度控制时，要渗透到项目实施的全过程中去，对项目的各个方面进行控制。

④ 项目进度偏差产生的原因是多方面的，概括起来，主要有如下原因：设计方面的原因引起的进度偏差；施工方面的原因引起的进度偏差；监理单位方面的原因引起的进度偏差；不可抗拒的因素引发的进度偏差或是工期提前所引起的进度偏差等。

第一节　项目进度计划管理

项目计划管理是项目的主计划或称为总体计划，它确定了执行、监控和结束项目的方式和方法，包括项目需要执行的过程、项目生命周期、里程碑和阶段划分等全局性内容。项目管理计划是其他各子计划制订的依据和基础，它从整体上指导项目工作的有序进行。

一、项目计划管理的目的

由于房地产开发具有开发周期和价值链较长，受外部因素的影响较大，开发风险较高，项目监控的难度较大、成本较高的特点，并行运作与管理接口较多，内部专业间的界面及外部协作单位的管理接口的繁多造成了计划和协调的难度呈级数式增长。

如何协调一致，是项目管理与运营管理需要解决的重要问题。正如《惠普商学院：执行力》所说，必须“制订共同的工作计划”，计划是控制军队行进步伐的“鼓点”，计划是行进速度的“保证和关键”。房地产开发如果忽视了项目计划的管理，其结果往往是欲速则不达。房地产开发项目计划管理的目的如图 2-1 所示。

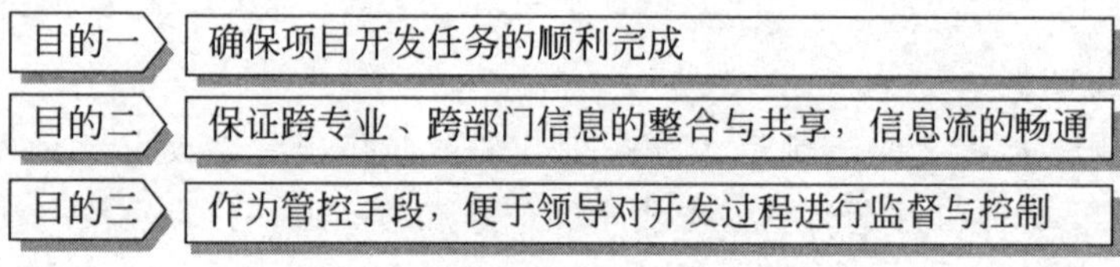

图 2-1　项目计划管理的目的

二、项目计划的分级管理体系

分级计划管理实际上是根据集团、区域公司、项目公司的权责范围，将项目计划进行相应的分解，各层级分别负责其对应的计划，层层聚焦分解管理难度。在分级管理体系中，集团能够将有限的时间和精力聚焦在项目的关键环节上，抓大放小，大大降低了管理的复杂度。项目计划的分级管理主要分了四级：集团关键节点计划、项目主项计划、项目专项计划和楼栋施工计划。具体分级管理的方式如图 2-2 所示。

1. 集团管控的关键节点计划

集团管控的关键节点计划是指集团层面（管理层）对各个项目的管控计划，通常是由集团统一定义的需要在集团层面重点关注的里程碑事件。不同的企业对关键节点的规定不同，有的管得多，有的管得少。

关键节点计划大体可以分为三种类型：营销导向型节点、进度导向型节点和

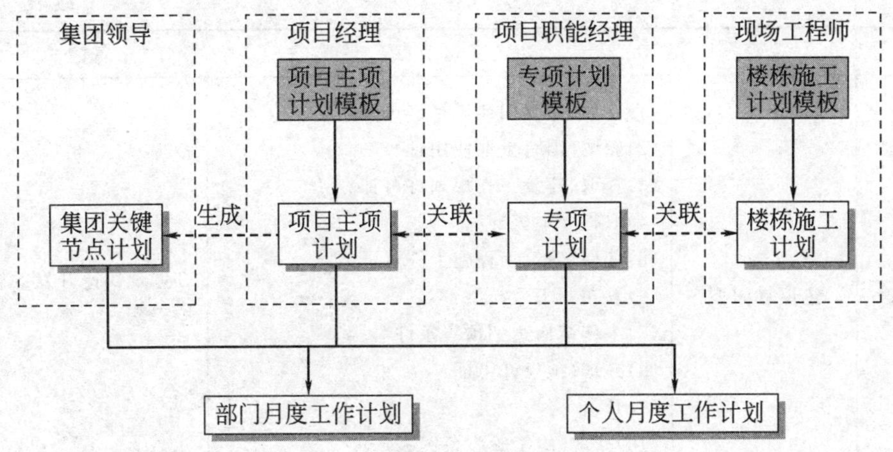

图 2-2 项目分级管理的方式

综合型关键节点，具体见表 2-1。

表 2-1 关键节点计划的类型

序号	类型	关键节点	备注
1	营销导向型	(1)取得国土使用权证 (2)交地 (3)完成方案设计 (4)完成初步设计 (5)完成施工图设计 (6)取得施工许可证 (7)项目开工 (8)售楼处、样板区开放 (9)取得预售许可证 (10)开盘 (11)完成 40%的销售金额 (12)完成 70%的销售金额 (13)完成 95%的销售金额 (14)景观施工进场 (15)竣工备案 (16)交房 (17)交房完成率 95%	突出其营销导向的管控文化

续表

序号	类型	关键节点	备注
2	进度导向型	(1)获取《建设用地规划许可证》 (2)获取《国有土地使用证》 (3)获取《建设工程规划许可证》 (4)取得立项核准 (5)获取《建筑工程施工许可证》 (6)发布开工令 (7)主体结构达到预售条件 (8)办理《预售许可证》 (9)开盘 (10)获取《竣工验收备案表》 (11)业主收楼	体现快速开发的管控理念
3	综合型	(1)概念设计 (2)规划设计 (3)取得《规划用地使用许可证》 (4)实施方案 (5)桩基施工图(招投标用) (6)施工报建图 (7)取得《建设工程规划许可证》 (8)全套施工图 (9)节能审批 (10)景观施工图 (11)总包单位确定 (12)获得施工许可证 (13)基础施工 (14)主体施工 (15)销售展示区实施时间 (16)主体结构达到预售条件 (17)取得预售许可证 (18)销售展示区开放时间 (19)销售开盘时间 (20)外脚手架拆除 (21)室外配套、园建 (22)竣工备案时间 (23)预验收 (24)交付时间	既重视营销，又重视进度

集团管控的关键节点计划有助于实现集团与项目公司对计划的分层级管理，明确项目进度计划管控的重点，并能够统一对集团内的各项目公司计划达成情况进行考核的评判标准。

2. 项目公司管控的主项计划

项目公司管控的主项计划是指项目公司层面对各项目的管控计划，其要点如图 2-3 所示。

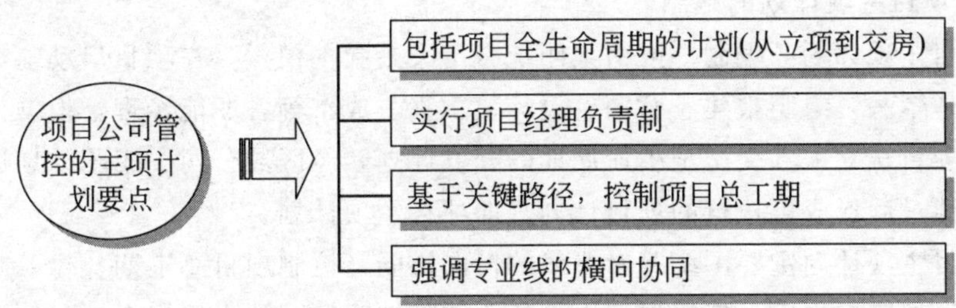

图 2-3 项目公司管控的主项计划要点

主项计划是细化了的关键节点计划，包括了项目计划中关键路径上的各项计划。有些标杆企业将主项计划定义为项目公司的一级计划。

3. 职能部门管控的专项计划

职能部门管控的专项计划是指项目公司的各职能部门在项目主计划的指引下，进一步细化本专业线的工作计划，形成的项目专项计划。项目专项设划一般由项目公司自定义指导性模板并报集团备案，归职能经理负责。

标杆企业的项目公司通常配置设计经理、工程经理、成本经理和营销经理，各职能经理要在项目主计划的指引下，编制自己专业的细化计划，即项目设计计划、项目施工计划、项目成本计划、项目营销计划等，这样既保证了总体计划的协调统一，又兼顾到了各专业的独特属性。

职能部门管控的专项计划只编到组团，不具体到各单体楼，这是因为具体到单体楼的施工计划由现场工程管理人员负责管控。

4. 现场工程管理人员管控的楼栋施工计划

现场工程管理人员管控的楼栋施工计划是指施工现场工程师在工程专项计划的指引下，细化形成每栋单体楼的工程施工计划，其要点是由现场工程师负责，工程部经理统筹，重点关注别墅、公寓、高层等单体楼的形象进度。

三、分级计划的编制流程

四级计划的编制以项目主项计划的编制为轴心。项目主项计划编制完成后，向上抽取，得到集团关键节点计划；向下扩展，形成项目专项计划及楼栋施工计划。其编制流程如图 2-4 所示。

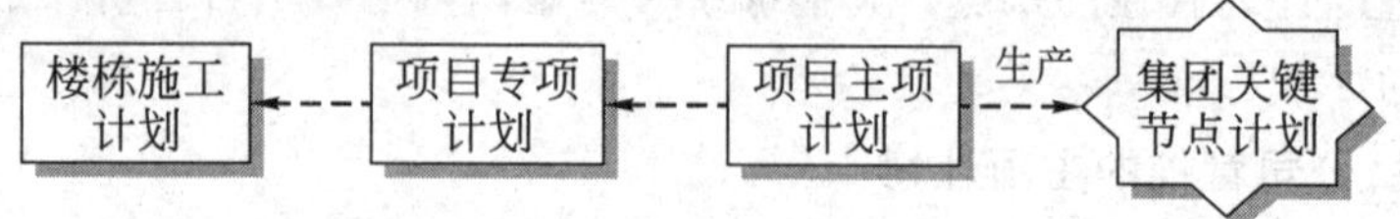

图 2-4　项目主项计划与集团关键节点计划的编制流程

1. 项目主项计划的编制

项目主项计划的编制一般由集团统一定义指导性模板，在项目启动前，由项目总经理牵头，组织报建、营销、设计、工程、成本等各职能经理，根据计划模板编制项目从立项到交房全生命周期的开发计划，经区域公司、集团计划运营逐层审批通过后形成可执行的项目计划，即项目主项计划。

项目主项计划主要围绕跨专业线的横向协同，控制项目总工期。

主计划确定之后，集团根据自身的管控精细程度，从主计划中抽取集团关键节点计划，作为集团管控的核心环节。

2. 项目专项计划的编制

施工、开发、报建、配套等各职能经理既是项目专项计划的编制主体，也是项目专项计划的执行主体。各职能经理在项目主项计划的指引下，进一步细化本专业线的工作计划，专项计划编制完成后，经项目总经理审核→区域公司职能部门负责人会签→区域公司总经理助理初审→区域公司总经理审核确定之后形成可执行的项目专项计划，同时抄送集团项目总办计划专员。

3. 楼栋施工计划的编制

楼栋施工计划主要由现场工程师在项目“工程专项计划”的指导下，编制每栋单体楼的施工计划，编制完成后，上报项目总经理审批确定，最终形成楼栋施工计划。楼栋施工计划由现场工程师进行具体执行，并填报楼栋进度情况，项目部工程线负责人汇总各楼栋施工进度情况，反填“工程专项计划”。

相关链接：

编制项目计划应注意的事项

（1）任务的名称——在表达充分的情况下，尽量采用精干的词组来表达，多采用业内的一些惯例用词。

（2）总时间——关键路径，在合理的情况下，尽量缩短，并留出适当的弹性以应付未知因素的影响，以便于后期管理可控；用“一寸光阴一寸金”的态度来看待时间资源。

（3）任务的起始时间——考虑是否合适，或有其他因素影响。

（4）任务之间的逻辑关系——要关注每项任务的前置任务，一个计划只设定一个起始点，便于后期的计划动态管理。

（5）该阶段任务完成的成果标准——以便于评价是否完成。

（6）责任部门或人——利于计划的执行和跟踪。

四、有效监控项目计划的执行

再好的计划如果没有有效地执行，也只是纸上谈兵。在建立分级计划管理体系的情况下，可以通过四个途径对计划的执行进行有效的监控：一是三维评价体系，二是三级会议管理体系，三是形象进度管理体系，四是阶段性成果管理体系。

1. 三维评价体系

三维评价体系是指在某一计划节点完成之后，项目负责人、部门负责人和下游责任人会分别从质量角度、专业技术角度和配合角度等三个维度对该节点的完成情况进行评价，评价的原则主要基于工作完成对公司、本部门及其他部门带来的价值，评价结果决定了下一个节点的开展与否，并为后续的工作提供参考。

2. 三级会议管理体系

三级会议管理体系主要指高层会议、基于项目运营的会议以及例行会议，如PMO运营会议、项目月度运营会以及项目负责人运营会等。三级会议基本涵盖了集团、区域公司和项目公司之间的所有大中型会议。三级会议体系的主要作用有两点：一是监控项目执行，二是分析计划执行情况，为计划调整提供决策支撑。

3. 形象进度管理体系

形象进度管理是对楼栋施工计划完成情况的监控。它主要通过视频、图片、远程摄像头的形式，监控和查看项目现场形象进度、楼栋形象进度和工程剖面图。项目现场形象进度多以图片和视频的形式，能够形象直观地展现项目的进度情况。楼栋形象进度采用“涂黑法”，即以楼层数及施工事项为坐标，直观展示每栋楼的进度情况。其表格式的调协方式如图2-5所示。

4. 阶段性成果管理体系

阶段性成果主要指阶段性的工作“成绩”，如方案书、分析报告等，一般以文档的形式展现。阶段性成果管理体系主要是从“项目全生命周期”和“职能部门”两个维度，设计各个关键环节的阶段性成果文档模板，建立阶段性成果管理全景图，同时建立与之相配套的制度与流程，最终形成系统完善的阶段性成果管理体系。阶段性成果管理全景如图2-6所示。

阶段性成果管理是一种新型的管理思路，它强调建立“不以做完事为终点，

	内外粉刷	铝合金门窗	阳台栏杆架	屋面工程	地坪	外墙涂料	电梯安装	水电安装
屋顶	●	●	●	○	○	●	○	○
10	●	●	●	○	●	●	○	○
9	●	●	●	○	●	●	○	○
8	●	●	●	○	●	●	○	○
7	●	●	●	●	●	●	○	○
6	●	●	●	●	●	●	○	○
5	●	●	●	●	●	○	○	○
4	●	●	●	●	●	○	○	○
3	●	●	●	●	●	○	○	●
2	●	●	●	●	●	○	○	●
1	●	○	●	●	●	○	○	●
地下屋	●	○	●	●	●	○	●	●
垫层	○	○	●	●	●	○	●	●
桩基	○	○	○	●	●	○	●	●

图 2-5 楼栋形象进度示意图

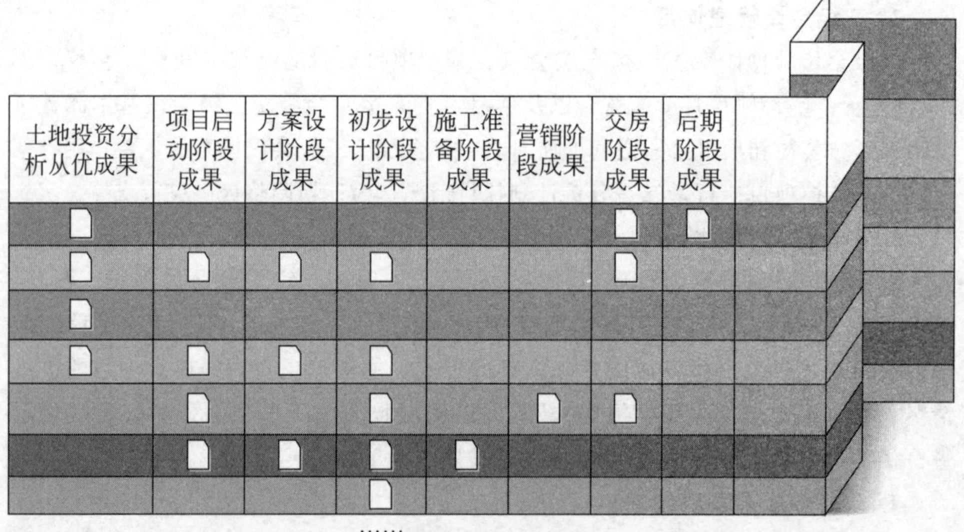

图 2-6 阶段性成果管理全景示意图

而以成果为终点”的管理思想，即计划的完成，以成果为依据，提交的成果通过审批，工作项才算是真正完成。在项目管理过程中，阶段性成果管理成了监控计划执行、考核计划完成与否的关键标尺，有效保证了计划执行的效果。

下面提供一份××房地产企业项目阶段性成果管理办法的范本，供读者参考。

【实战范本】××房地产企业项目阶段性成果管理办法

××房地产企业项目阶段性成果管理办法

1　项目阶段性成果定义及管理意义

为提高项目运作效率，降低项目管理风险，集团制定了项目从拿地开始到项目结束全过程中各关键节点的项目控制标准和重要输出成果，形成了项目阶段性成果。针对特殊偶发事件的控制另形成了例外性阶段性成果。

各项目阶段性成果经集团领导或各区域地产公司领导审批后，即形成项目实施过程中的里程碑信号，上一阶段的里程碑信号是该项目下一阶段工作的重要支持依据。上一阶段性成果未审批完成，不得进入下一阶段工作。

2　目的

集团成立后，根据各地区公司反馈意见和集团领导要求，需重新明确集团项目阶段性成果的定义、审批流程和提交标准。规范集团项目阶段性成果的管理，要特别加强对项目阶段性成果按时提交审批方面的管理。

3　支持文件

3.1　《集团项目阶段性成果定义及审批流程》。

3.1.1　明确了各个阶段性成果的定义、承办部门岗位、审核人及批准人、审批完成后抄送人。

3.1.2　除文件中定义的审批人和抄送人，各区域公司可根据实际需要，申请增加审核人和抄送人，但须经过集团总经理的批准。

3.1.3　随着公司的发展，集团会增减管控的阶段性成果范围和对审批流程进行更新。

3.2　《阶段性成果参考模板》。

3.2.1　通过对各区域公司以前提交的阶段性成果的归集整理，形成了《阶段性成果参考模板》，作为各成果的参考标准。

3.2.2　模板是提交成果的参考基准，提倡各区域公司能在此基准上进行优化、补充和改进。

4　管理办法

4.1　集团设立阶段性成果管理主管岗位，负责对各区域公司项目阶段性成果提交的及时性、规范性进行管控，并负责定期公示各区域公司阶段性成果的完成情况。

4.2　上一阶段的项目阶段性成果完成并审批通过后，才能进入下一阶段工作。对不提交上一阶段成果就进入下一阶段的项目，或不能按时提交阶段性成果的项目，集团不但会在定期公告的信息中进行批评，同时会相应延缓项目相关合同的签订和款项的支付。

4.3 各区域公司计划财务部也应将项目阶段成果纳入各部门一级节点计划进行管控，并对执行情况进行考核。

4.4 具体管控办法详见下表。该管控办法的执行人为集团阶段性成果管理主管，最后的核准人为集团总经理。

阶段性成果名称、时限及管控措施

序号	阶段定义	阶段性成果名称	完成时间	不能按时完成的管控措施
1	土地阶段	《项目投资分析模型(土地版)》	土地中标后7日内提交审批	延缓土地合同签订 延缓土地款支付
2	概念设计阶段	《项目概念设计任务书及概念阶段研发敏感点分析》	概念设计合同签订前	延缓概念设计合同签订
3		《项目概念设计成果》	概念设计完成后10日内	延缓概念设计尾款和方案设计首款支付
4		《项目投资分析模型(概念版)》	与《项目概念设计成果》同步提交	延缓概念设计尾款和方案设计首款支付
5	方案设计阶段	《项目方案设计任务书及方案阶段研发敏感点分析》	方案设计合同签订前	延缓方案设计合同签订
6		《项目方案设计成果》	项目方案设计完成后15日内	延缓初步设计合同签订 延缓方案设计尾款和初步设计首款支付
7		《项目投资分析模型(方案版)》	与《项目方案设计成果》同步提交	延缓初步设计合同签订 延缓方案设计尾款和初步设计首款支付
8		《项目基础处理方案》	项目方案设计完成前	延缓方案设计尾款和初步设计首款支付

续表

序号	阶段定义	阶段性成果名称	完成时间	不能按时完成的管控措施
9	方案设计阶段	《项目景观概念设计任务书及研发敏感点分析》	景观概念设计合同签订前	延缓景观概念设计合同签订
10		《项目营销策略方案(方案版)》	方案设计完成后30日内	延缓方案设计尾款和初步设计首款支付
11		《项目目标成本(方案版)》	方案设计完成后15日内	延缓初步设计合同签订
12	初步设计阶段	《项目初步设计任务书》	初步设计合同签订前	延缓初步设计合同签订
13		《售楼处和样板房的选址、定位及修建和开放计划》	方案设计完成后30个工作日内	延缓样板房和售楼处设计及施工合同签订
14		《景观方案设计任务书》	景观方案设计合同签订前	延缓景观方案设计合同签订
15		《项目初步设计成果》	初步设计完成后15个工作日内	延缓初步设计尾款和施工图设计首款支付 延缓施工图设计合同签订
16		《景观方案设计成果》	景观方案设计完成后15个工作日内	延缓景观扩初设计合同签订 延缓景观方案设计尾款支付
17		《项目投资分析模型(初设版)》	与《项目初步设计成果》同步提交	延缓初步设计尾款和施工图设计首款支付 延缓施工图设计合同签订
18		《项目目标成本(执行版)》	初步设计完成后20个工作日内	延缓当月工程进度款的支付
19		《项目销售指标》	初步设计完成后20个工作日内	延缓销售价格表的审批
20		《项目营销策略方案(初设版)》	初步设计完成后30个工作日内	延缓初步设计尾款和施工图设计首款支付

续表

序号	阶段定义	阶段性成果名称	完成时间	不能按时完成的管控措施
21	施工图设计阶段	《景观初步设计任务书》	景观初步设计合同签订前	延缓景观初步设计合同签订
22		《三通一平实施方案及经济分析》	初设完成后启动，正式进场前完成	延缓土石方合同签订 延缓三通一平工程款的支付
23		《招投标及计价方案》	项目招标文书发出前	延缓总包合同签订
24		《施工单位、监理单位筛选和评估报告》	项目招标文书发出前	延缓总包合同及监理合同签订
25		《招标文书及合同新版本》	合同签订前	延缓总包合同签订
26		《售房合同配置标准》	项目开盘前	延缓总包合同签订
27		《项目精装修方案设计任务书》(尽量纳入主体任务书中)	精装修方案设计合同签订前	延缓精装修方案设计合同签订
28	施工阶段	《项目精装修初步设计任务书》	精装修初步设计合同签订前	延缓精装修初步设计合同签订
29		《景观施工图设计任务书》	景观施工图设计合同签订前	延缓景观施工图设计合同签订
30		《项目营销策略方案(开盘版)》	开盘前	延缓开盘价格表的审批
31		《项目营销策略方案(强销版)》	销售完成40%	延缓相应项目推广费用的支付
32		《项目营销策略方案(持续版)》	销售完成70%	
33		《项目营销策略方案(尾盘版)》	销售完成95%	
34		《房屋价格表及付款方式(开盘版)》	开盘前	推迟开盘

续表

序号	阶段定义	阶段性成果名称	完成时间	不能按时完成的管控措施
35	项目交房阶段	《业主交房方案》	交房前	推迟交房
36		《商业移交方案》	商业移交前	推迟商业移交
37		《资产管理方案》	交房前	推迟交房
38	项目后续阶段	《项目总结》	项目交房后 30 个工作日内	集团公示

第二节　项目进度控制管理

房地产项目工程进度控制的重要性对房地产公司不言而喻。出于资金安排和销售的需要，众所周知，项目开工后，房地产公司不会轻易变更事前拟订的开盘时间和交房时间，这就要求工程必须在开盘前完成主体施工，在交房前完成项目竣工验收。

一、项目进度控制的范围

房地产项目进度控制的总目标贯穿在整个项目的实施过程中，要保证项目进度目标的顺利完成，要保证计划目标与实际值的一致，则项目管理者在进行项目进度控制时，要渗透到项目实施的全过程中去，对项目的各个方面进行控制。项目进度控制的范围包括如图 2-7 所示的内容。

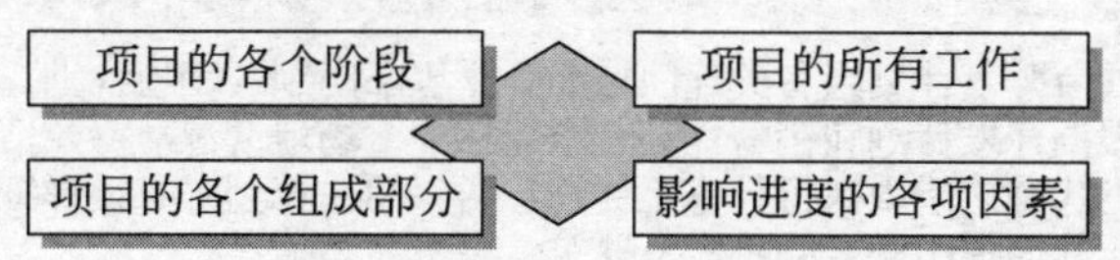

图 2-7　项目进度控制的范围

1. 项目的各个阶段

从房地产项目控制的概念可以看出，房地产项目的进度不仅仅包括施工阶段，还包括项目前期策划阶段、设计阶段、项目招投标阶段、竣工验收阶段和后期管理阶段，即项目进度控制涉及项目建设的全过程。

2. 项目的各个组成部分

项目管理者在进行进度控制时，对组成房地产项目的所有组成部分进行全方位的进度控制，不仅包括红线内工程，还包括红线外配套工程，不仅包括土建工程、给排水、采暖通风工程，也包括道路、绿化、电气等工程。

3. 项目的所有工作

为了确保房地产项目按计划进度实施完成，就需要把有关项目建设的各项工作，如设计、施工准备、工作招标以及材料设备供应、竣工验收等工作列入进度控制的范围之内。因此，凡是影响房地产项目进度的工作都将成为进度控制的对象。当然，任何事务都有主次之分，进度控制工作要求能够有条不紊、主次分明。

4. 影响进度的各项因素

由于房地产项目具有资金庞大、业务复杂、建设周期长、涉及相关单位多的特点，造成影响项目因素很多，如人的因素、技术因素、材料设备与构建因素，水文、地质与气象自然因素，政治、经济、文化等社会因素，还有其他不确定因素等，若要有效进行项目进度控制就必须对上述各种因素进行全面的分析与预测。

二、项目进度的事前控制

顾名思义，事前控制就是事情发生之前就做好控制。对于房地产开发项目来说，事前控制包括两项工作，即合理制订计划和严格图纸会审。

1. 合理制订计划

计划是控制的依据，计划制订合理，则进度控制成功了一半，计划制订得不合理，则进度控制失败的风险增大了三倍。计划制订过程如图 2-8 所示。

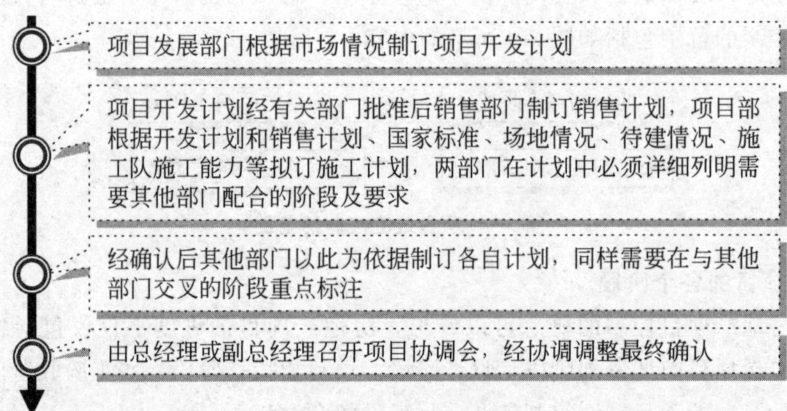

图 2-8 计划制订的过程

当然，计划制订过程可以有多种方式，但不论采用何种方式均应注意如图

2-9 所示的三个问题。

图 2-9 计划制订应注意的事项

2. 严格图纸会审

纸会审是指工程各参建单位（建设单位、监理单位、施工单位）在收到审查合格的施工图设计文件后，在设计交底前对图纸进行全面细致的熟悉，审查出施工图中存在的问题及不合理情况并提交设计院进行处理的一项重要活动。通过图纸会审可以使各参建单位特别是施工单位熟悉设计图纸、领会设计意图、掌握工程特点及难点，找出需要解决的技术难题并拟订解决方案，从而将设计中存在的问题在施工之前解决。因此，图纸会审的深度和全面性将在一定程度上影响工程施工的质量、进度、成本、安全和工程施工的难易程度。

只要认真做好了此项工作，图纸中存在的问题一般都可以在图纸会审时被发现并尽早得到处理，从而可以提高施工质量、节约施工成本、缩短施工工期，提高效益。因此，图纸会审是工程施工前的一项必不可少的重要工作。

图纸会审的要求如下。

（1）项目工程师应组织各专业工程师（技术员）、施工人员、质检人员熟悉图纸，细致了解设计意图和设计要点，掌握施工的关键部位，澄清图纸中的疑点，纠正图纸中的错漏。

（2）加强各专业之间的配合，最大限度地发现图纸中存在的问题，减少图纸中漏查项目，消除设计缺陷，把图纸中的差错纠正在施工之前，给施工的正常有序推进提供保障。

（3）向设计单位提出建设性意见，使设计更加完善、合理和便于施工，以保证不出现因为图纸差错而给优质、安全、环保地完成施工任务造成障碍，为编制施工组织设计和施工准备创造条件。

（4）设计单位对设计意图和施工单位的图纸会审意见进行说明和答疑。参加图纸会审和设计交底人员要实事求是，耐心细致解答施工单位提出的会审意见。

对于现场无法答复的要明确解决问题的具体时间和方式。施工单位同时要尊重设计单位意见，如有不同意见或建议，应通过正常途径和渠道解决。

(5) 项目部将内部图纸会审意见在图纸会审时向设计单位逐条提出，由设计单位相关人员逐条解答。图纸会审内容由项目部负责详细记录，并由建设、设计、施工、监理四方签字，形成图纸会审记录。设计单位当时决定不了的问题，由设计单位确定后补办洽商或设计变更，并及时发放有关单位。

三、项目进度的事中控制

项目进度的事中控制可采用节点控制法，节点控制法就是不断地、周而复始地进行循环控制，以日保旬（周）、以旬（周）保月、以月保季，最终确保施工进度按计划实施并争取提前。

1. 节点制定

项目施工计划应有详细的分解，如一般施工项目分解成为桩基施工、基础施工、主体施工、装修施工和配套施工等五个主要节点，每一个阶段又可以细分为更小的节点，具体见表2-2。

表2-2 项目开发节点计划

序号	节点名称	级别	类别	××项目/××分期/××区段		
				（栋数/层数）		
				（建筑面积）		
				年度计划	动态计划	实际进展
	前置工作					
1	概念设计	集团	C			
2	设计资料交底、核对、移交		C			
3	规划定界报告（土地测绘报告）		C			
4	完成土地出让合同		C			
	设计与报批报建					
5	现场规划定界		C			
6	规划设计（详规）	集团	A			
7	取得建设用地批准书		C			
8	获得立项批文		C			

续表

序号	节点名称	级别	类别	××项目/××分期/××区段 (栋数/层数) (建筑面积)		
				年度计划	动态计划	实际进展
9	取得工程报建卡		C			
10	取得土地证		B			
11	详规评审会		C			
12	获得详规批复		A			
13	实施方案	集团	B			
14	销售展示区实施时间(实施计划确定)	集团	C			
15	方案征询、批复		B			
16	取得《建设用地规划许可证》	集团	A			
17	地名申请完成		C			
18	环评报告批复		C			
19	可研报告批复		B			
20	完成详勘		C			
21	扩初设计		B			
22	扩初设计(含配套)征询		C			
23	扩初批复		B			
24	桩基施工图	集团	C			
25	报建图	集团	C			
26	强电系统图完成		C			
27	全套施工图完成	集团	A			
28	施工图审图完成		B			
29	配套专业设计完成		C			
30	室外综合管网施工图完成		C			
31	景观施工图完成	集团	B			
32	全装修施工图完成		B			
33	取得《建设工程规划许可证》	集团	A			
34	节能审批	集团	C			

续表

序号	节点名称	级别	类别	××项目/××分期/××区段		
				(栋数/层数)		
				(建筑面积)		
				年度计划	动态计划	实际进展
35	配套单位进场		B			
36	取得《预售许可证》	集团	A			
	采购工作					
37	设计、勘察、监理中标通知书		C			
38	总包单位中标通知书	集团	C			
39	获得《施工许可证》	集团	A			
40	建筑外立面材料、部品采购清单确定		C			
41	室外景观材料、部品采购清单确定		C			
42	室内装修材料、部品采购清单确定		C			
43	机、电设备采购清单确定		C			
	工程实体施工					
44	现场规划定界(验线)		C			
45	基础施工开始	集团	A			
46	地下结构工程验收证明		C			
47	配套申请		C			
48	主体施工开始	集团	A			
49	主体结构达到预售条件	集团	A			
50	主体结构封顶		C			
51	室内土建湿作业完成		C			
52	外装修施工开始		C			
53	全部装修施工完成		C			
54	外脚手架拆除完成	集团	C			
55	雨、污水工程完成		C			
56	室外配套、园建(室外总体完成)	集团	B			

续表

序号	节点名称	级别	类别	××项目/××分期/××区段（栋数/层数）（建筑面积）		
				年度计划	动态计划	实际进展
57	正式水、电开通		C			
	销售开盘					
58	销售中心开放		B			
59	销售展示区开放时间	集团	B			
60	销售开盘时间	集团	A			
	工程竣工、交付					
61	配套工程验收完成		C			
62	环保、消防、卫生、交通、绿化验收		C			
63	室外水系统验收		C			
64	规划验收完成		C			
65	竣工备案时间	集团	A			
66	交付使用许可证		B			
67	交付风险检查		B			
68	预验收	集团	C			
69	房地产权证		B			
70	交付时间	集团	A			

2. 节点控制

节点控制包括节点完成的控制以及节点过程控制。

（1）节点控制的工作。节点过程控制是进度控制实施的主体阶段，也是进度控制成败的关键阶段。事实上，几乎每一个房地产公司的每一个项目部都可以拿出甘特图之类的施工计划，遗憾的是旁边却很少见施工计划实施的对照计划，缺乏过程控制。过程控制的办法有多种，一般而言，过程控制应做好如图 2-10 所示的 4 个方面的工作。

（2）节点控制的工具和手段。节点控制可用的工具和手段主要有：状态跟踪表、不履约通知、记日工，和日报、月报、现场指令、现场巡视等。

（3）节点控制要注意的事项。节点控制要注意如图 2-11 所示的事项。

工作一	项目外围关系维护处理，以免因外部因素干扰而延误工期
工作二	保持与公司职能部门的紧密联系与沟通，加快一些审批手续的流转效率，如签证、设计变更等
工作三	处理好项目部与监理单位和施工单位的关系，项目部对施工单位的监控主要通过监理单位来实现，而监理行业本身的素质很难对施工单位进行主动有效的监控，项目部应严格对监理单位的控制，以制度为主，对施工单位则以人情等软手段进行控制
工作四	控制一定要形成书面记录

图 2-10 节点过程控制应做好的工作

事项一	节点完成控制指应及时组织项目节点验收，并根据完成情况予以考核评价
事项二	不能如期完成的应发出不履约通知作为警告以及后续考核处罚之用
事项三	进度发生变化还应变更后续项目施工计划并与其他部门沟通、发布计划变更信息

图 2-11 节点控制要注意的事项

四、项目进度的事后控制

项目进度的事后控制包括两个方面的工作，即计划变更的处理和进度超期的处理。

1. 计划变更的处理

计划变更的发生可由施工因素和施工之外的因素引起，施工因素指项目施工造成的项目进度出现大的变化需要变更进度计划，施工之外的因素主要由于其他部门的进度不能跟上从而影响施工或因开发计划发生变化则施工计划需要做相应改变。

不管何种计划变更，其处理都应是及时与相关部门取得联系，最好是组织召开计划变更协调会，将计划变更的影响降到最低。相关部门应做出计划变更的原因分析总结，为以后工作的改进提供建议。

2. 进度超期的处理

进度超期发生之后的处理同样需要引起重视。不少项目部发生超期后便“埋头苦干”，争取将进度追回来，导致的结果往往是增大成本和降低质量要求，加大后续服务难度。因此，出现进度超期的情况时应按程序妥善处理，具体方法如图 2-12 所示。

从以上分析可以看出，由于房地产项目开发的复杂性，房地产企业的工程进度控制是一项系统工程，不仅需要在过程处理上运用很多的小技巧，灵活控制监

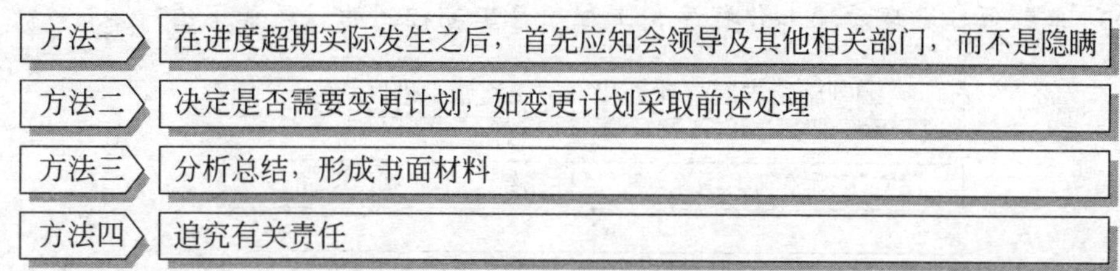

图 2-12　进度超期的处理方法

理单位和施工单位，还需要公司其他职能部门的密切配合、顺畅的沟通，从系统的角度去完善改进。

下面提供一份××房地产企业工程项目工期管理办法的范本，供读者参考。

【实战范本】××房地产企业工程项目工期管理办法

××房地产企业工程项目工期管理办法

1　总则

1.1　目的。说明工程项目进度计划管理的任务、职责，建立项目进度计划管理和控制的模式、工作程序和工作方法，促进项目工期管理工作科学化、规范化，提高进度计划管理和控制的工作效率、质量和水平。

1.2　适用范围。适用于公司总部直管项目或委托分公司、事业部管理的施工承包类工程项目工期管理工作。本办法是考核公司各层次工程项目工期管理和控制的依据。

2　工期管理主要内容和工作程序

2.1　工期管理的主要内容。工程项目工期管理的主要内容如下图所示。

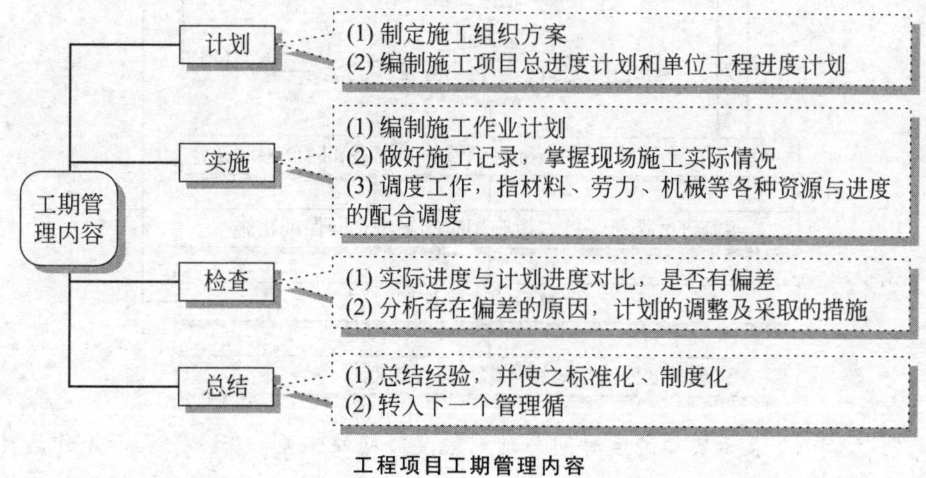

工程项目工期管理内容

2.2　工程项目进度管理工作程序。工程项目工期控制的程序如下图所示。

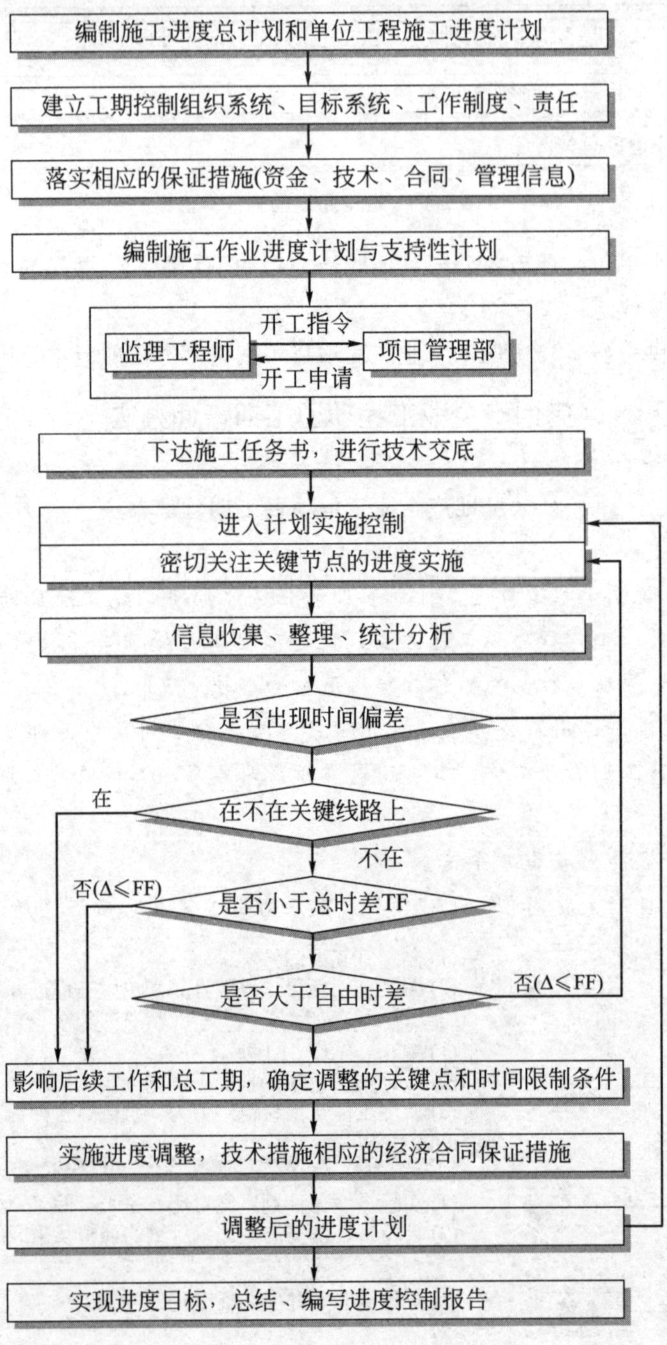

（注："Δ"表示实际进度时间与计划进度时间的偏差，"TF"表示工作总时差，"FF"表示工作自由时差。）

3　进度管理与控制职责分工

工期管理与控制实行分级管理。公司总部负责制定和完善管理制度，并对公司直管项目和分公司进行管理、监督。分公司、事业部负责所管项目管理，汇总上报管理情况，协助公司总部对业主投诉进行处理。

3.1　公司总部各部门的职责。

3.1.1　工程管理部职责。工程管理部是公司工程项目工期管理的主管部门。其职责如下。

（1）制定和完善工期管理办法，建立项目工期管理体系，负责项目工期管理的主管部门。

（2）审核、指导直管项目、分公司、事业部施工总进度计划和单位工程进度计划编制（包括工期管理策划），在项目内部承包合同（“两制”）中明确工期管理目标与奖罚。

（3）建立项目工期管理的报表制度，监督检查直管项目进度动态管理，审核月度进度计划完成总结，并提出整改意见。

（4）对直管项目进度管理和控制进行定期考核，视情况进行奖罚。

（5）受理进度或工期投诉，督促项目部对投诉中存在的问题进行整改。

（6）接受分公司、事业部工期管理情况报告，并对本办法执行情况进行监督与处罚。

3.1.2　成本部职责。

（1）负责直管项目、分公司、事业部项目成本策划。

（2）审核、指导直管项目成本预算总计划和单位工程成本预算计划编制，实施成本预算计划编制处罚。

（3）监督检查直管项目成本预算动态管理，审核月度成本预算计划完成总结，并提出整改意见。

（4）对直管项目、分公司、事业部成本管理和控制进行定期考核，视情况进行奖罚。

3.1.3　合约部职责。在分包合同中明确工期管理和控制要求及奖罚条款，协调项目部与分包单位合约矛盾。

3.1.4　财务部职责。

（1）审核、指导直管项目资金收支总计划和单位工程资金需求计划编制，实施资金收支计划编制处罚。

（2）监督检查直管项目资金收支动态管理，审核月度资金收支计划完成总结，必要时提出整改意见。

（3）对直管项目资金收支管理和控制进行定期考核，视情况进行奖罚。

(4) 接受公司直管项目、分公司、事业部资金收支管理和控制情况报告，并对相关管理制度执行情况进行监督与处罚。

(5) 参与项目工期考核。

3.1.5 审计部。负责项目定期和终结性效能审计。

3.1.6 人力资源部。

(1) 负责项目管理人员的配置与优化、管理与调配。

(2) 参与项目部领导班子建设与管理，负责劳动合同管理指导检查。

(3) 负责反映人力资源结果的关键绩效指标分析与评价，并根据评价结果提出对策。

3.2 项目经理部各岗位职责。

3.2.1 项目经理是本项目工期管理和控制总负责人，具体职责如下。

(1) 依据合同、项目策划、内部承包合同对工期的约定，组织项目总工程师(技术负责人) 和相关管理人员，编制项目施工总进度计划和单位工程施工进度计划。

(2) 组织项目相关管理人员编制项目工程支持性计划，包括劳务用工计划、物资需求总计划、成本预算总计划、资金收支总计划和单位工程资金需求计划、机械设备需用总计划等。

(3) 确定项目节点控制办法，明确分部分项工程节点，并确定奖罚。

(4) 审核项目施工关键线路，制定节点控制目标和项目施工进度计划编制说明书，签字并上报。

(5) 依据工程项目施工总进度计划和单位工程施工进度计划，组织编制工程项目年、季、月、旬、周进度控制计划。

(6) 组织或授权组织各参建单位定期召开调度会，决策资源调度。

(7) 组织项目管理人员定期检查进度计划完成和控制情况，按规定对责任单位和责任人进行奖罚。制定相应的措施，保证进度计划目标的实现。

(8) 组织编写、审核月度进度控制报告，签字并上报。

3.2.2 项目部合约 (计划) 管理人员职责。

(1) 在项目经理和技术负责人的领导下，按单位工程提出分项工程劳动力需用量计划、材料需用量计划、机械设备需用量计划和资金收支预测计划等。

(2) 参加工期调度会，对进度实施情况进行通报并根据合同约定提出整改、处罚意见。

(3) 审核办理劳动力使用劳务费签证，定性分析劳动力资源利用情况。

3.2.3 项目部专业工程师职责。

(1) 对照施工计划，核实、记载资源落实情况，每日检查并记录施工进度计划实施情况，密切关注项目施工关键线路和节点控制目标进展，对作业队提出改进建议。

（2）参加工期调度会，把进度实施情况通报给合同管理人员和项目领导。

（3）参与编写月度进度控制报告和项目进度控制（竣工）总结报告。

3.2.4　项目材料管理人员职责。

（1）负责编制月材料使用和采购计划。

（2）根据施工需要及时提供各类工程材料和周转材料。

（3）负责现场材料验收、保管、发放，严格执行限额领料制度。

（4）定量分析材料计划控制、节约量情况。

3.2.5　项目机械设备管理人员职责。

（1）负责编制月机械设备使用计划。

（2）根据施工需要及时提供各类施工机械设备。

（3）负责进场设备验收、安全使用、自有设备维修保养、租赁设备使用签证和组织退场。

（4）定性分析机械设备台班节约量和节约率情况。

3.2.6　项目资金和成本管理人员职责。

（1）负责编制月资金使用计划。

（2）及时回收资金，保证项目资金需要。

（3）及时回收、整理、分析分包单位、作业队及班组关于劳动力使用、材料消耗、机械设备使用等原始记录，与定额或计划额比较，提出成本控制改进意见。

（4）定量分析成本降低额和成本降低率情况，形成企业定额建议。

4　进度计划编制

4.1　进度控制目标分解。

4.1.1　项目经理应组织项目进度控制管理人员确定项目进度控制目标和总进度计划，并进行进度节点目标分解，形成按单位工程分解为交工分目标，或按承包的专业或施工阶段分解为完工分目标，或按年、季、月、旬（或周）计划期分解为节点控制目标。

4.1.2　项目经理应组织计量人员将清单责任成本转换为单位工程、分部分项工程责任成本，以便于成本控制和编制资金收支预测计划。

4.2　编制施工总进度计划。

4.2.1　编制施工总进度计划的步骤。收集编制依据→确定进度控制目标→计算工程量→确定各单位工程的施工期限和开、竣工日期→安排各单位工程的搭接关系→编写施工总进度计划说明书。

4.2.2 编写施工进度计划说明书，该说明书应包含以下内容。

(1) 本施工进度计划安排的总工期。

(2) 该总工期与合同工期和指令工期的比较，得出工期提前率。

(3) 各单位工程的工期、开工日期、竣工日期与合同约定的比较及分析。

(4) 资源：人、机、料。

(5) 本施工总进度计划的优点和存在的问题。

(6) 执行本计划的重点和措施。

(7) 有关责任的分配。

4.2.3 总工期和各单位工程的进度安排以文字、横道图、网络图的方式说明，其他部分以文字方式说明。

4.3 进度计划编制时间要求、审核、批准与处罚。

4.3.1 项目施工总进度计划说明书和单位工程施工进度计划说明书应在项目部进入施工现场后20天内编制完成。

4.3.2 项目施工总进度计划说明书和单位工程施工进度计划说明书编制完成后，由项目经理负责审批签字确认，上报公司工程管理部。

4.3.3 公司工程管理部对上报的项目施工总进度计划说明书和单位工程施工进度计划说明书进行科学性、先进性和可行性审批，或提出修改意见，直接备案。

4.3.4 经公司批准认可后的项目施工总进度计划说明书和单位工程施工进度计划说明书作为今后考核项目进度控制的依据。

4.3.5 项目部不按时编制项目施工总进度计划说明书和单位工程施工进度计划说明书并上报的，每延期10天，罚项目经理200元，直至改正为止。

5 施工进度计划实施

5.1 进度计划实施流程。进度计划实施流程如下图所示。

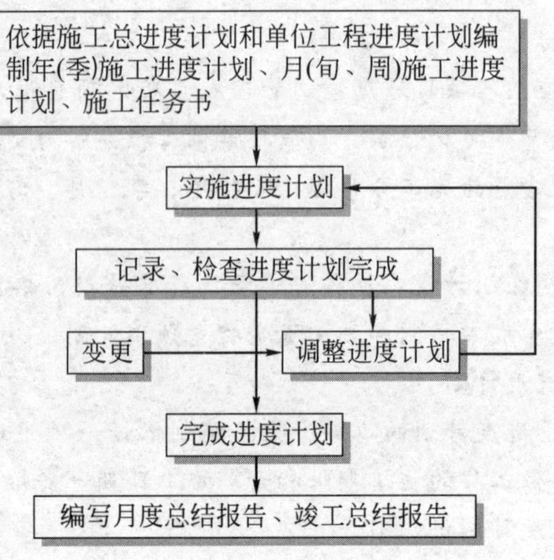

5.2　编制施工进度作业计划。

5.2.1　编制年（季）施工进度计划。对超过一年施工期的工程项目，项目部应依据《施工总进度计划》编制年、季、月施工进度计划，以实现施工总进度计划。

5.2.2　进度计划的纠偏、调整。

（1）调度工作主要对进度控制起协调作用，排除施工中出现的各种矛盾，克服薄弱环节，实现人力、机械、物资和资金的动态平衡。

（2）调度工作的内容如下。

——检查作业计划执行中的问题，找出原因，并采取措施解决。

——督促分包单位、供应单位按进度要求供应资源。

——传达决策人员的决策意图，发布调度令等。

（3）调度工作一般可通过调度会和工作指令的方式进行。调度会由项目经理或授权人组织，原则上每旬（周）一次。特殊情况可每天一次。工作指令视进度实施情况由进度控制工程师随时签发。

（4）进度计划的检查方法主要是对比法，即实际进度与计划进度对比，发现偏差，以便调整和修改计划。

（5）对比最好在进度计划图上进行，可采用横道图计划检查法、网络计划图检查法。

5.3　进度作业计划调整。

5.3.1　由于工程变更或其他原因（自然影响、地方矛盾）引起资源需求的数量变更和品种变化时，应及时评估对施工总进度计划的影响程度，调整资源供应计划和进度控制计划。

5.3.2　进度计划在实施中的调整必须依据施工进度计划检查结果进行。

5.3.3　进度计划调整的内容主要包括：施工内容、工程量、起止时间、持续时间、工作关系、资源供应。在降低资源强度的前提下，调整非关键线路工作时差，主要有以下3种。

（1）在总时差范围内移动工作的起止时间。

（2）延长非关键工作的持续时间。

（3）缩短非关键工作的持续时间。

5.4　工期控制报告。

5.4.1　项目部在进度计划实施、检查后，每月向公司工程项目管理部提供月度施工进度报告。

5.4.2　月度施工进度报告由项目工期控制工程师负责编写，相关责任人员配合，项目经理审核，每月5日前上报公司工程部。

5.4.3 月度施工进度报告的主要内容如下。

(1) 工期执行情况的综合描述。

(2) 实际施工进度图。

(3) 分包单位、作业队、班组进度计划完成情况。

(4) 劳动力、施工机械、物资供应等是否满足工程需要。

(5) 工程变更、价格调整、索赔及工程款收支情况。

(6) 工期偏差的状况和导致偏差的原因分析。

(7) 解决问题的措施和计划调整意见等。

5.5 项目工期控制奖罚。

5.5.1 项目部每月应对各分包单位、作业队或班组进行进度控制评价和考核，按分包合同规定或工期控制的奖罚规定，进行奖励和处罚，奖罚应以意见书的形式下发，并及时兑现公布。

5.5.2 项目经理每月应对项目部工期控制的相关进度控制、材料供应、机械设备供应和管理、劳动力管理、资金管理等责任人进行考核评价，进行奖励和处罚。

6 工期控制总结

6.1 总体要求。

6.1.1 项目部在施工进度计划完成（工程竣工）后，应及时进行工期控制总结，编写总结报告。

6.1.2 工期控制总结应按单位工程、分部工程和分项工程逐级进行总结。

6.1.3 工期控制总结报告由项目经理组织项目技术负责人、进度控制工程师、材料管理人员、成本管理人员、合约管理人员等进行编写，在工期计划完成后一个月内完成，项目经理审核后上报。

6.2 工期控制总结的依据。工期控制总结时主要依据下列资料。

(1) 施工进度计划。

(2) 施工进度计划执行情况的实际记录和工作日志。

(3) 施工进度计划检查结果。

(4) 施工进度计划的调整资料。

6.3 工期控制总结的内容。

(1) 合同工期目标及计划工期目标完成情况。

(2) 施工进度控制经验。

(3) 施工进度控制中存在的问题及分析。

(4) 科学的施工进度计划方法的应用情况。

(5) 施工工期控制改进意见。

7 工期控制考核和奖罚

7.1　项目部没有编制实施性进度计划并上报的，罚项目经理500元。

7.2　公司每季度依据项目部编制的施工进度计划对直管项目部、分公司、事业部进行进度控制目标考核，对连续三个月未完成计划进度的，罚项目班子成员2000元。对在本季末累计完成进度计划100%，奖项目班子成员2000元。

7.3　由于项目部管理不善造成进度延误，遭到业主投诉的，每次罚项目部50 000元。

7.4　项目部不按时上报月度进度控制报告或控制报告不符合本程序规定的，罚项目直接责任人100元。

7.5　处罚和奖励由公司工程管理部提出意见，经公司领导批准后，由财务部门直接列转。

7.6　项目部也应制定相应的工期控制奖罚规定，定期（每月）对项目部责任人、分包单位、作业队或作业班组进行考核，实施奖励和处罚，奖励和处罚的结果应在月度进度控制报告中写明。

7.7　由于业主原因造成进度延误或者合同规定可顺延工期的，项目应及时办理工期签证，并上报公司备案，可按时段免于处罚。

8　相关资料

除应上报工程项目施工总进度计划、年（季、月）进度控制计划、月度施工进度报告外，还应在每月5日前向公司工程管理部提供以下报表，以便更好地掌握工期管理信息的传递。

8.1　本月完成（形象进度）一览表。

本月完成（形象进度）一览表

<table>
<tr><th>序号</th><th colspan="2">名称</th><th>单位</th><th>设计数量
1</th><th>本月计划工程量
2</th><th>本月实际完成量
3</th><th>完成百分比/%
4=3÷2×100</th><th>截至上月累计完成量
5</th><th>截至本月累计完成量
6=3+5</th><th>截至本月累计完成量占总量百分比/%
7=6÷1×100</th><th>备注</th></tr>
<tr><td>1</td><td colspan="2">钻孔桩</td><td>根</td><td></td><td></td><td></td><td></td><td></td><td></td><td></td><td></td></tr>
<tr><td rowspan="2">2</td><td>预制梁</td><td>预制</td><td rowspan="2">片</td><td></td><td></td><td></td><td></td><td></td><td></td><td></td><td></td></tr>
<tr><td>预制梁</td><td>安装</td><td></td><td></td><td></td><td></td><td></td><td></td><td></td><td></td></tr>
<tr><td>…</td><td></td><td></td><td></td><td></td><td></td><td></td><td></td><td></td><td></td><td></td><td></td></tr>
<tr><td>13</td><td rowspan="2">路基</td><td>填方</td><td>m^3</td><td></td><td></td><td></td><td></td><td></td><td></td><td></td><td></td></tr>
<tr><td>14</td><td>挖方</td><td>m^3</td><td></td><td></td><td></td><td></td><td></td><td></td><td></td><td></td></tr>
</table>

统计：　　　　　　合约经理：　　　　　　项目经理：

注：表中未列全，项目部可另行增加，如防护工程数量，表式保持一致。

8.2　下月工程形象进度计划完成一览表。

下月工程形象进度计划完成表

序号	名称		单位	设计数量	下月计划完成数量	备注
1	钻孔桩		根			
2	预制梁	预制	片			
	预制梁	安装				
…						
14	路基	填方	m^3			
15		挖方	m^3			

统计：　　　　　　　合约经理：　　　　　　　项目经理：

注：表中未列全，项目部可另行增加，如防护工程数量，表式保持一致。

第三节　项目进度偏差控制

项目进度偏差控制主要是防止一些对项目进度有重大影响的变化出现，和影响成本与质量的非常规进度的发生。

一、项目进度偏差产生的原因

房地产开发项目进度偏差产生的原因是多方面的，概括起来，主要有下述4方面的原因。

1. 设计方面的原因引起的进度偏差

由设计方面的原因引起的进度偏差如图2-13所示。

原因一　设计交底不清，承包方对设计意图理解不够，造成对技术处理方面的分歧而影响建设进度

原因二　设计变更频繁，工程量变化大或返工浪费大

原因三　设计单位对施工中出现问题处理不及时，相互协调配合差等

图2-13　由设计方面的原因引起的进度偏差

2. 施工方面的原因引起的进度偏差

由施工方面的原因引起的进度偏差如图2-14所示。

3. 监理单位方面的原因引起的进度偏差

由监理单位方面的原因引起的进度偏差如图2-15所示。

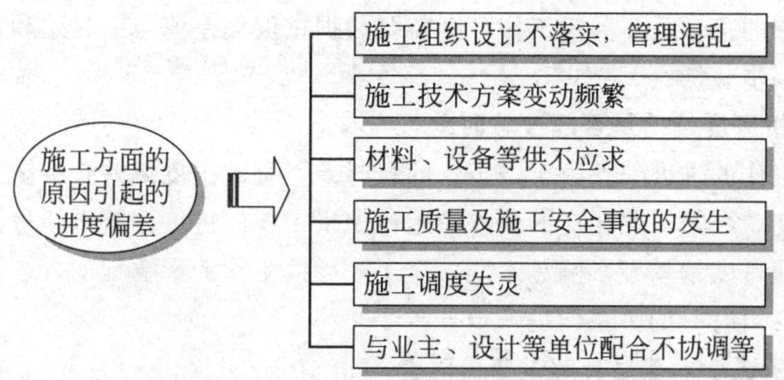

图 2-14　施工方面的原因引起的进度偏差

原因一	重视质量控制而忽视进度控制
原因二	监理工程师履行职责不力，决策不果断，甚至发布错误指令
原因三	监理工程师未按建设合同规定及时处理工程建设中出现的问题，拖延工期
原因四	监理工程师与业主、设计及施工单位配合不协调等

图 2-15　监理单位方面的原因引起的进度偏差

4. 其他因素引起的进度偏差

比如，不可抗拒的因素引发的进度偏差或是工期提前所引起的进度偏差等。

二、分析进度偏差所产生影响的方法

在工程项目实施过程中，当通过实际进度与计划进度的比较，发现有进度偏差时，需要分析该偏差对后续工作及总工期的影响，从而采取相应的调整措施对原进度计划进行调整，以确保工期目标的顺利实现。进度偏差的大小及其所处的位置不同，对后续工作和总工期的影响程度是不同的，分析时需要利用网络计划中工作总时差和自由时差的概念进行判断。分析方法如图 2-16 所示。

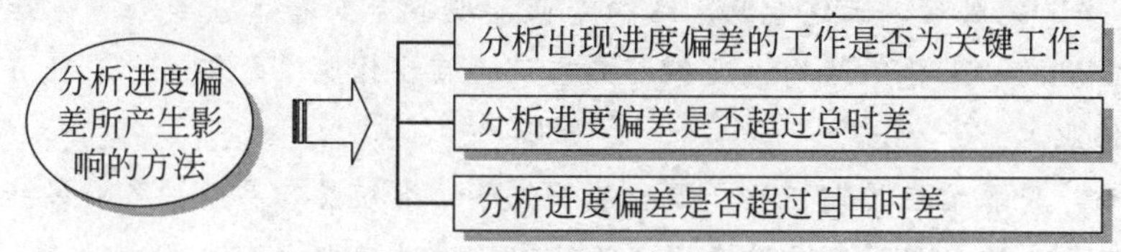

图 2-16　分析进度偏差所产生影响的方法

1. 分析出现进度偏差的工作是否为关键工作

如果出现进度偏差的工作位于关键线路上，即该工作为关键工作，则无论其偏差有多大，都将对后续工作和总工期产生影响，必须采取相应的调整措施；如果出现偏差的工作是非关键工作，则需要根据进度偏差值与总时差和自由时差的关系作进一步分析。

2. 分析进度偏差是否超过总时差

如果工作的进度偏差大于该工作的总时差，则此进度偏差必将影响其后续工作和总工期，必须采取相应的调整措施；如果工作的进度偏差未超过该工作的总时差，则此进度偏差不影响总工期，至于对后续工作的影响程度，还需要根据偏差值与其自由时差的关系作进一步分析。

3. 分析进度偏差是否超过自由时差

如果工作的进度偏差大于该工作的自由时差，则此进度偏差将对其后续工作产生影响，此时应根据后续工作的限制条件确定调整方法；如果工作的进度偏差未超过该工作的自由时差，则此进度偏差不影响后续工作，因此，原进度计划可以不作调整。

三、出现进度偏差的纠正措施

对于已经出现的进度偏差，项目经理要及时采取纠正措施，以保证工期。

1. 赶工

赶工是通过权衡成本与进度，确定如何以最小的成本来最大限度地压缩工期，也就是通过增加资源来加快关键路径上的活动，从而缩短工期。

比如，某项工程因发现设计进度滞后、设备制造进度滞后的问题，及时派专人赴设计单位催图、赴设备制造单位监造，以上单位则通过加班、增加资源等赶工方式缩短了工期，保证了计划工期。

2. 快速跟进

快速跟进是把正常情况下按顺序执行的活动或阶段并行执行，即通过并行活动来缩短工期。

比如，为了保证项目进度，现场施工可采用快速跟进的进度压缩方法。现场“三通一平”完成后，土建专业、结构专业、设备专业和工艺专业等先后进入现场，将常规的“土建—结构—设备—工艺”的顺序作业，改变为各专业并行施工的交叉作业。

同时，采取缩短早期任务、缩短最长任务、缩短最容易的任务和缩短成本最少的活动等工作，保证目前进度按照原计划的总进度完成。

四、避免进度偏差产生的方法

对于房地产开发项目来说，进度产生偏差，也是可以有效避免的，具体方法如图 2-17 所示。

方法一：决策层应充分考虑工程项目自身的客观要求、规律性及项目管理的可能性，要求项目管理单位全面优化资源配置，科学实施进度计划，最终按照计划实现项目总进度

方法二：项目管理的进度计划可按照逆推法编制进度计划，各活动在按照理想的完工时间的基础上严格进行风险评估、计划、准备，以保证项目进度高质高效进行

方法三：项目管理过程中加强沟通，各职能部门充分了解项目的进度计划，尤其是招标部门掌握项目各节点要求，加强设计单位、设备供货单位和施工单位之间工作协调，严格按计划安排的进度开展工作

方法四：在出现进度偏差时采取有效措施，及早修改、调整进度计划，对项目的建设能起到指导、控制作用

图 2-17　避免进度偏差产生的方法

第三章

项目质量管理

工作指引

众所周知，质量是产品的基准，也是企业赢得消费者信赖的根本要素。这一原则同样也适用于中小房地产企业。房地产工程与人们的生产生活密切相关，工程质量的好坏不仅关系到项目投资能否成功，建成后的项目更关系到国家和人民的生命、财产安全。

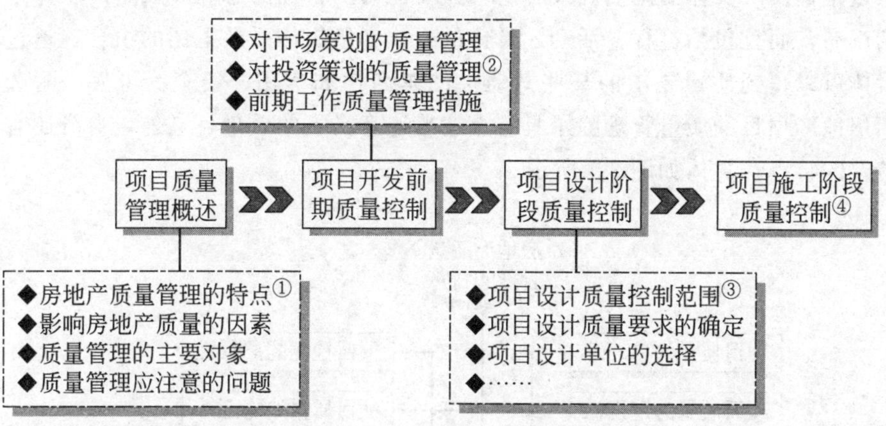

【图示说明】

① 房地产开发项目施工涉及面广，是一个极其复杂的过程，影响质量的因素也很多，具体如下：人员素质的影响、项目决策的影响、项目规划与设计的影响、项目施工工艺选择的影响、工程材料选择的影响、施工机械设备的影响、施工环境的影响、劳动环境的影响等。

② 投资策划的质量对未来项目的成败有着决定性的作用，它可以影响到投资决策、资金筹措、规划设计方案、开发工期安排、项目成本控制、销售回款节奏等方方面面。因此必须要提高和重视房地产投资策划的质量。

③ 设计是从技术方面来定义工程的技术系统，它包括工程的功能、工艺、功能目标的设计和各专业的技术设计。设计中的任何错误都会在计划、实施、施工、运行中扩展放大，造成质量问题。

④ 施工是开发项目形成实体的过程，也是决定最终产品质量的关键阶段，要提高开发项目的工程质量，就必须狠抓施工阶段的质量控制。工程项目建成后，如发现质量问题，又不可能像一些工业产品那样拆卸、解体、更换配件，更不能实行“包换”或“退款”，因此工程项目在施工过程中进行质量控制，就显得极其重要。

第一节　项目质量管理概述

房地产开发项目的质量管理是房地产开发企业在项目实施过程中所采取的一

系列监督、管理措施、方法和手段，其目的是为项目的用户（顾客、项目的相关者）提供高质量的产品和服务，最终令客户满意。

一、房地产质量管理的特点

质量是指反映实体满足明确或者隐含需要能力的特性的总和。质量的主体不仅包括产品，而且包括过程、活动、具体的人或者组织体系及上述的组合，透过这些大体可以得到质量要求的某些共通性的东西比如实用、安全、可靠、耐久等。而房地产项目的质量管理除了具有上述普遍意义上的质量含义外，自身还有一些特定的特点，具体如图 3-1 所示。

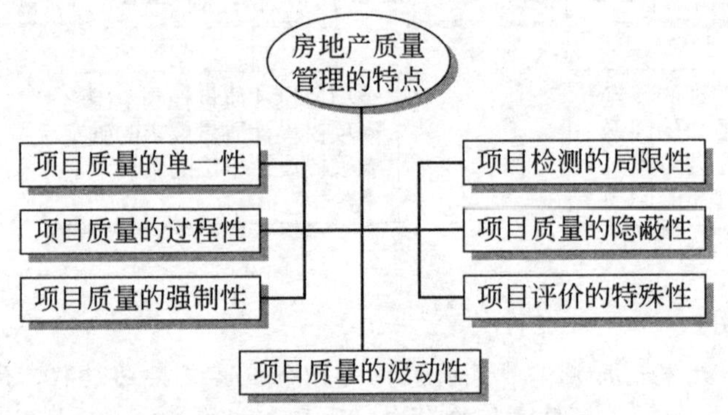

图 3-1　房地产质量管理的特点

1. 项目质量的单一性

这是由房地产建设项目施工的单一性所决定的，每个工程都对应了相应的一种情况，即使是同一施工单位同一种施工工艺，也不会有完全相同的工程质量控制。所以房地产质量的控制应精确到每个具体工程甚至具体的工序。

2. 项目质量的过程性

由于房地产即房子的建成是由工程上的一道道工序组成的，而每道工序的执行质量都对最终的质量有着很大的影响，因此房地产质量管理应该突出工程建设过程中的管理特点，即将管理深入到工序中。

3. 项目质量的强制性

房产不仅具有商品价值，也具有民生价值，它关系到国民的最基本的诉求。因此房地产的建设开发有着政府的介入以及相关法律对于房屋质量、类型、大小等方面的某些强制性规定，而且这种介入的力度往往远大于其他类的质量控制。

4. 项目质量的波动性

房地产项目工程建设因为复杂、单一的特性所以不像大部分的商品或工业制成品有着相对固定的生产设备和生产流水线，同时在质量检测上也受到人们的经验以及感官的影响，容易造成质量上的大的波动。

5. 项目检测的局限性

项目建成后，不能像普通产品一样进行拆卸来检查内部的构造或质量是否有问题，因此房地产项目在最后检验时某些环节检查可能不到位。

6. 项目质量的隐蔽性

这一点和上一点是相辅相成的，由于施工过程中有很多道工序，同时加上隐蔽工程，需要在建设过程中及时发现问题，否则很容易出现质量问题。

7. 项目评价的特殊性

工程质量的验收是按检验批、分项工程、分部工程、单体工程来进行的，在施工单位自行组织检查的基础上，组织相关的单位、人员确认验收。这种方法体现出了验评分离、强化验收、完善手段、过程式控制的思想。

二、影响房地产项目质量的因素

房地产开发项目施工涉及面广，是一个极其复杂的过程，影响质量的因素也很多，具体如图 3-2 所示。

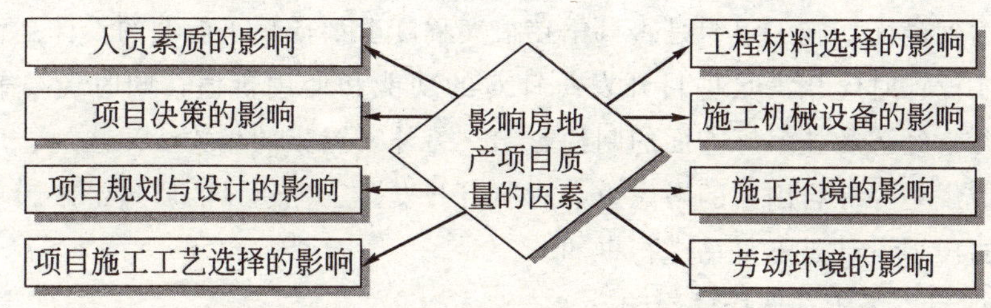

图 3-2　影响房地产项目质量的因素

1. 人员素质的影响

人是项目质量活动的主体，泛指与项目有关的单位、组织和个人，包括建设单位、施工承包单位、勘察设计单位、监理及咨询服务单位、政府主管等。在此过程中人既是项目的监督者，又是实施者，因此，人员的素质和质量意识以及管理能力是非常重要的。这主要反映在人的思想意识、文化水平、技术能力、工作经验、身体状况等，这些都会直接或间接地影响到工程的质量。作为项目经理，应从人员资质条件、生理条件和心理因素等方面进行控制，具体如图 3-3 所示。

2. 项目决策的影响

项目的前期策划阶段是一个房地产项目能否良好地开发建设成型的重要基础，它是一个导航灯，这一阶段的内容关系到整个全局。前期对于房地产开发涉

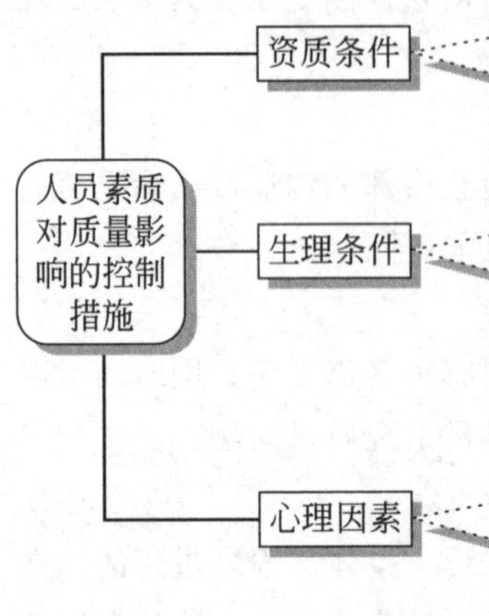

图 3-3　人员素质对质量影响的控制措施

及的领域、技术可行性、经济上的承受能力、社会影响等多方面要有一个全面的评估，否则盲目进行开发很容易到后期难以继续，更谈不上品质要求了。

3. 项目规划与设计的影响

项目的规划设计是建设过程中的一个关键环节。资源是否合理利用、总体布局是否达到最优、施工组织是否科学在很大程度上都依赖于前期的设计是否科学合理。在设计时应该满足项目开发所针对的功能和使用价值，同时还要兼顾环境、资源、经济和技术等方面的制约影响。另外，国家的相关法律法规、环境保护、城市规划等综合因素的考虑也会对项目开发、工程建设的质量带来影响，所以项目的规划设计是不可马虎行事的。

4. 项目施工工艺选择的影响

作为房地产项目开发中耗时最长的工程建设阶段，这一阶段的质量对整个项目的影响不言而喻。建设质量的好坏直接影响项目的开发与销售，因此在工程建设时的施工方法与施工工艺选择也非常重要。相应的施工工艺、技术措施、检测方法等都会影响到工程质量，还会对工程预算等方面有巨大影响，因此在施工前期应做好设计规划工作。

5. 工程材料选择的影响

项目工程材料包括原材料、半成品、成品、构配件、仪器生产设备等。材料是工程施工的物质条件，材料质量是工程质量的基础，材料质量不符合要求，工程质量也就不可能符合标准，所以加强材料的质量控制，是提高工程质量的重要保证。很多的项目在工程建设时由于忽视了材料上的选用或者选用不当造成对工程工期的延误，使得开发商、建设单位和消费者都承担了本可以避免的损失。

此外不仅仅是材料本身的质量，材料的保养、存放、运输等环节也可能产生问题，如在运输过程中的损耗，或者存放过程中的老化变质等，在平时必须加以控制。

6. 施工机械设备的影响

施工机械和机具是实现项目施工的物质基础和手段，是高质量地完成施工任务所不可缺少的设备。施工工具设备是否合理科学、先进与适用直接影响施工的最后进度与质量，因此在施工前对机械设备应有严格的选择和控制。合理使用机械设备，操作人员必须认真执行各项规章制度，严格遵守操作规程，并加强对施工机械的维修、保养、管理。

7. 施工环境的影响

环境因素对于房地产项目开发中特别是工程建设过程中的质量和进度有着较大影响，主要有施工环境和劳动环境（自然环境）两个方面。施工环境主要有如图 3-4 所示的两个方面。

方面一 工程技术环境

影响质量控制的工程技术环境有工程地质、地形地貌、水文地质、工程水文和气候等，这些都或多或少影响到工程最后的质量

方面二 工程管理环境

工程管理环境的主要影响因素有质量的管理制度和管理体系是否健全，以及工作制度、质量保证活动、各方面的协调管理能力等，如总承包单位和各分包单位的管理协调能力、施工过程中各工种各专业的共同协调施工等，这些会对项目的质量产生大的影响

图 3-4 施工环境

8. 劳动环境的影响

劳动环境主要包括施工现场的气候、通风、照明和安全卫生防护设施等。在房地产项目的开发与质量控制中，环境的影响是一个不断变化的变量，比如技术措施、施工方法、人员调配等随着施工进度的不同会不断变化，这样也会引起管理环境的变化，所以项目经理应该根据项目的特点以及具体的问题采取相对应的有效的措施来预防可能的外部环境的变化，将这一变量降到最低。

比如平时要保证材料堆放的整齐、在雨季或冬季施工时进行必要的防滑防冻措施等。

三、房地产项目质量管理的主要对象

项目质量管理的主要对象是工程质量，它是一个综合性的指标，包括如图 3-5 所示的 4 个方面。

对象一	工程投产运行后，所生产的产品的质量，和该工程的可用性、使用效果和产出效益，以及运行的安全度和稳定性
对象二	工程结构设计和施工的安全性和可靠性
对象三	所使用的材料、设备、工艺、结构的质量以及它们的耐久性和整个工程的寿命
对象四	工程的其他方面，如外观造型、与环境的协调、项目运行费用的高低以及可维护性和可检查性等

图 3-5　房地产项目质量管理的主要对象

四、项目质量管理应注意的问题

项目经理在对房地产开发项目进行质量管理时，应注意如图 3-6 所示的 6 个问题。

问题一	工程项目管理不是追求最高的质量和最完善的工程，而是追求符合预定目标的合同要求的工程
问题二	不同种类的项目，不同的项目部分，质量控制的深度不一样，要尽量减少重复的质量管理工作
问题三	质量管理是一项综合性的管理工作，除了工程项目的各个管理过程以外还需要一个良好的社会质量环境
问题四	注意合同对质量管理的决定作用，要利用合同达到对质量进行有效的控制
问题五	质量控制的目标不是发现质量问题，而是应提前避免质量问题的发生
问题六	注意过去同类项目的经验和教训，特别是承包商、设计单位、施工单位反映出来的对质量有重大影响的关键性问题

图 3-6　项目质量管理应注意的问题

相关链接：

中小房地产企业项目管理过程中的问题及其改进策略

项目管理是房地产企业的核心竞争力的重要组成部分。中小房地产企业应该以项目管理为核心，理顺房地产项目流程，提升项目管理的水平及其合理性和有效性。我国中小房地产企业在项目财务管理和成本控制、项目计划和进度管理、质量管理等均存在突出问题。我国中小房地产企业应提升项目的财务管理的科学性，引进严格的成本控制机制；更新房地产项目进度管理理念，创新进度管理模式；建立并完善房地产项目工程质量管理体系，实现质量管理的制度化；构建房地产项目管理信息化系统，实现项目流程再造。

一、房地产企业项目管理的含义及其重要作用

项目管理指的是，企业和组织在其开展的项目中，通过运用领导、组织、计划、人事、财政、控制等手段，并积极使用专业知识、技能以及现代化的信息系统等工具和手段，来顺利完成相应的项目。通俗地讲，就是中小房地产企业如何计划、运营一项具体的房地产开发项目。大致而言，房地产项目的管理流程伴随着项目开发的始终，包括决策开发管理、项目投融资管理、工程设计管理、施工运营管理、财务管理、风险管理、质量管理、计划和进度管理等主要内容。

项目管理是房地产企业的核心竞争力，房地产企业是否能够对所预期开发的住宅房地产与商业地产、工业地产等项目进行合理管理和经营，是企业能否在激烈的市场竞争环境中与日益严格的宏观调控政策的大背景下实现可持续和长远发展的关键所在。特别是对于中小房地产企业而言，其资金规模较少，抵御市场波动和政策变化带来的风险的能力较弱，其中的一个房地产项目，往往倾注了本企业大量的人力、物力和财力，如果因为项目管理不善而导致失败，甚至可能对企业带来伤筋动骨的消极影响，极端情况可能导致企业垮台和破产！因此，中小房地产企业应该以项目管理为核心，理顺房地产项目流程，提升项目管理的水平及其合理性和有效性。

二、我国中小房地产企业项目管理存在的突出问题

最近十年是我国房地产行业和企业发展的黄金十年，这也造成许多中小房地产企业不注意对投资项目的各个层面和方面的管理，导致鱼龙混杂、管理混乱，各种因管理缺失导致的质量、安全隐患和事故层出不穷，不仅严重影响我国房地产行业的健康发展，而且也给房地产企业的经济效益的提升带来消极的作用。典型的如我国中小房地产企业项目的过程管理往往仅关注“时间”，也就是能否按期完工，而不考虑其中的成本控制、质量管理、人事管理。而且，中小房地产企业并没有建立起项目过程管理的健全的体系，仍然停留在之前的“碎片化”的管理时代，效率低下、信息不健全等问题十分严重。具体而言，本文从项目财务管理和成本控制、项目计划和进度管理、质量管理等三个方面，来阐释我国中小房地产企业项目管理中存在的突出问题。

1. 房地产项目财务管理与成本控制中存在的问题

与普通商品不同，房地产项目是致力于生产高附加值、高投资额的产品，因此，其项目的规划、实施开发和营销等均必须有强大的物质基础作为支撑，不然，纵使设想得多么美好，也是“巧妇难为无米之炊”，因此，投资财务管理、项目工程的成本控制等是房地产项目取得成功的关键所在。换句话说，房地产项目的开发是一项资金密集型的工作，所需资金规模大，尽管目前有许多

采用商品房或商业地产预售、预租等方式，来加快回笼资金，但房地产项目开发仍然面临资金回流周期长的问题。特别是对于我国中小房地产企业而言，由于资金规模小、融资能力不足等原因，更应该关注项目的资金流向以及工程项目的建造、运营经费等成本控制。

但是，在实践中，我国中小房地产企业的项目财务管理和成本控制却面临不少问题，具体突出表现为以下 4 点。首先，项目规划和设计阶段，中小房地产企业由于缺乏投资、融资意识、方法和策略，没有从项目融资的视角出发来设计相应的资金运营规划，更有甚者，没有事先对投资概算进行科学和合理的估计，以至于对项目所需的开发、经营费用估算不准，为今后的施工和运营面临资金难题埋下隐患。其次，在施工运营阶段，中小房地产企业普遍不关注财务管理和工程的造价成本控制，其对工程款的支付、费用调整和造价信息等管理混乱，甚至缺乏管理，这导致项目开发的成本费用陷入无序和不可控的状态，侵蚀了房地产企业的利润和市场竞争力。此外，由于财经专业人才的匮乏，我国中小房地产项目的财务和成本管理仍然处于粗放型阶段，企业经营管理者的财务管理和成本管理意识落后，将财务视作项目开发的边缘位置，而且财务管理和成本控制的手段也十分落后，许多数据的收集、保管和分析甚至处于人工测算的阶段，这大大影响了工程项目的财务管理的精细和科学性。最后，中小房地产企业的成本和财务管理的职责往往仅局限于某一独立的部门，如财务部，甚至在部门设置不完全的情况下，委身于几个人，这实际上偏离了项目财务管理和成本控制的实际，导致财务管理“异化为”财务事后核算，无法发挥监督和纠偏的作用。

2. 房地产项目工程计划与进度管理中存在的问题

由于中小房地产企业项目管理所处的内外部环境，项目的计划和进度管理存在许多不足。第一，凡事预则立，不预则废。项目计划和进度管理的前提条件在于房地产企业经营者能够做好项目进度的事前规划，但是实践中，中小房地产企业的项目进度计划却往往十分混乱，没有赋予充分的重视，在项目开发过程中往往没有对房地产项目的实际情况进行“摸底”，来制定相应的实施计划和进度安排，更不用说专门有部门和人员来负责进度监督和管控了。第二，在项目实施过程中，中小房地产企业对项目施工往往是“走一步看一步”，这导致房地产项目推进过程呈现“前松后紧”的特点，即工程前半期往往疏于监管，对于施工进度过分自信而导致松懈，而到项目中期之后，则又为了尽快完工，追赶工程进度，往往牺牲了工程的质量，增加项目投资，无形中提高了房地产项目的造价成本，降低了房地产企业的利润。另外，房地产项目管理是一项十分复杂的工程，涉及方方面面，囊括市场的各类主体，如政府部门、承包商、运营商、中介等，而进度管理看似简单，实际上却是牵一发而动全身的关键所在。在进度管理中，我国中小房地产企业缺乏统筹全局的观念，没有从“供应链协同管理”的视角来理解和掌控进度管理，此外，进度管理的手段和方法也是十分粗放和落后。

3. 房地产项目工程质量管理中存在的问题

众所周知，质量是产品的基准，也是企业赢得消费者信赖的根本要素，这一原则同样也适用于中小房地产企业，然而，房地产项目的质量管理却往往脱离我国中小房地产企业的视野。质量保障和管理是一项需要企业内部以及房地产企业与其他企业相互合作和协调的工作，但是实际上，房地产企业内部的各个部门却往往相互推卸责任，没有承担相应的工作职责。而且，从企业外部来说，房地产企业与原材料供应商、总承包商、施工单位等之间的合作往往也是如此，存在信息沟通不畅、质量标准不明晰、质量监督管理力度不大等问题，导致工程项目质量差强人意，直接损害房地产企业在消费者心目中的口碑，不利于企业的长久发展。另外，中小房地产企业内部并没有建立起相应的项目质量管理制度，人治色彩仍然十分浓厚，随意性较大，项目的设计规划、采购、施工、监理等部门都往往是彼此熟识，形成一个所谓的“熟人社会”小圈子，这导致质量保障往往流于形式。因此，如何制度化质量管理手段和方法，也是中小房地产企业成长为现代企业所面临的重要挑战。

三、改进中小房地产项目管理的几个关键策略

开篇提及，如何改进项目管理，实现项目管理的科学化、高效率和制度化，是我国中小房地产企业经营管理者必须思考的重要议题。当然，房地产项目管理的复杂性不言而喻，其所涵盖的范围也十分广泛。基于上述对问题的描述，本文主要从以下 4 个方面来重点论述改进房地产企业项目管理的关键策略，以推动项目管理的可度量、可预期和可控制。

1. 提升中小房地产项目的财务管理的科学性，引进严格的成本控制机制

作为资金密集型产业，毫无疑问，资金是中小房地产企业得以实现项目的顺利开发的基本保障，由此，如何保障财务管理的科学性，并提升资金的使用效率是所有企业经营者必须面对的议题。具体而言，房地产项目的财务管理可以分为：一是项目开发前的筹资管理，也就是企业的项目融资；二是项目投资管理；三是具体营运资金的管理以及项目完成之后的利润等经营所得的管理。在财务管理方面，中小房地产企业应该首先树立财务精细化管理的理念，从项目规划、计划实施到经营运营以及最后的营销等阶段，保持资金使用链的畅通性和流动性；其次，改善项目财务管理的方式，将财务控制提升为房地产工程管理的核心地位，由主要领导人来负责，以此来重构项目管理各部门分割的状态，实现整合。

当然，在项目工程的财务管理中，项目的成本造价是极为重要的一环。对于工程项目的成本控制，应该构建一个完整的成本控制体系，从投资决策阶段的成本预算，到工程设计阶段的工程造价的估计的科学性，以及真正施工阶段

的成本控制，直至最后的工程完成阶段的成本控制和结算等，都应该贯穿成本控制的理念和技术。此外，重视成本预算是实现项目成本控制的前提和关键。成本预算科学性的提升在于，一是对企业的组织结构进行调整乃至再造，建立起成本控制责任制度；二是明确预算编制并建立起具体的预算指标体系；三是与结算相关的评估和考核制度。由此三项，来提升成本预算的科学性、合理性和有效性，成为成本控制和管理的有效工具。

2. 更新房地产项目进度管理理念，创新进度管理模式

建设工期长（有些项目甚至横跨 5 年以上）是房地产项目开发的主要特点之一，这就决定了房地产项目的工程计划和进度管理的迫切性和重要性。房地产项目的进度管理对于项目能够如期保质保量的完工是至关重要的，特别是在当前，房地产宏观调控以及国内外经济环境不断变化的形势下，如何保障房地产开发项目的进度，是中小房地产企业的核心竞争力所在。而项目进度管理，通俗地讲，指的是项目运营方在房地产项目实施过程中，对项目从规划、设计、投资、实施执行、质检检验、市场营销等各阶段的进展程度进行监督、控制和调整，以保障房地产项目能够顺利完成。

为了提升房地产企业项目进度管理，可以从以下 3 个方面入手。第一，建立精细化管理的企业文化，“精细化管理”的“精细化”，其特点就体现在，企业管理的模式从以往单凭经验的粗放型管理，转变为依靠真实的数据，对项目工程的管理进行细致的分工、规范和分段，以实现管理活动在各个环节无孔不入的渗透！进度管理，看似简单，实则与其他各个要素紧密相连，因此必须树立精细化管理理念。第二，房地产企业项目进度管理应该遵循系统控制、动态循环和灵活与弹性控制等几个原则，另外，进度管理应该以供应链的思路来进行整合和控制，换句话说，房地产项目的进度管理并非房地产企业自身可以决定的，进度管理要求房地产企业能够沟通项目上游、中游和下游的各个企业，以此顺利开发和经营房地产项目。第三，创建进度管理创新模式，积极借鉴和运用现金的进度管理工具。实际上，现代进度管理的技术理念和手段已经十分丰富，市场上也有多款软件可供中小房地产企业经营者选择和使用，特别是新兴的信息通信技术（ICT）的广泛应用。

3. 建立并完善房地产项目工程质量管理体系，实现质量管理的制度化

一般而言，房地产项目的具体实施过程包括土建安装工程、景观工程和精装修工程等几个部分，而这几个部分的施工与监管都必须以保障质量为重点。可以说，质量管理是项目管理的生命线，也是重中之重，一点也不能含糊。房地产项目工程质量管理大致可以划分成三个部分：一是房地产项目规划期间的质量；二是工程施工的质量；三是施工所需素材本身的质量。三者彼此关联，环环相扣。而项目质量管理的具体措施和活动包括，编制项目质量保障大纲和

工作计划；准备项目质量保障的技术基础和条件；对项目工程质量进行审核和控制；最后，反馈并修正房地产项目的运营情况。

由于企业规模小等原因，中小房地产企业往往没有专门的质量管理部门，质量管理活动也相对比较随意。因此，中小房地产企业应该建立并完善项目工程质量管理体系，实现制度化的质量管理。首先，更新质量管理的思路和系统，从以往的单方面的、单系统的质量管理上升为全面质量管理，费根堡姆所提出的“全面质量管理”，就是以系统论的协同思想，来理解企业的质量管理，包括从工程项目的采购设备材料等，到施工和监工人员的素养，以及设计阶段的工程规划等。其次，推动质量管理措施的制度化。中小房地产企业的质量管理措施往往比较随意，更没有专门的机构和部门来负责质量，以及协调企业内部各个部门和不同企业之间的关系，因此，制度化和专门部门等是中小房地产企业推行质量管理的必要选项。

4. 构建房地产项目管理信息化系统，实现项目流程再造

最后，本文要提出的关键策略是，贯穿财务管理、成本控制、质量管理和进度管理等项目管理的关键要素：信息化及其蕴含的项目流程再造。信息通信技术（ICT）是当今社会的发展大趋势，中小房地产企业在项目管理中引进信息通信技术，是提升其管理水平，提高管理效率，保障工程质量的关键策略，我国中小房地产企业应尽早构建项目管理的信息化系统。项目管理信息系统指的是，企业利用信息通信技术等软件和硬件，来实现相关管理信息的收集、传递、存储、分析等流程，构成一个“信息加工流程”，为项目管理的规划和设计、实施和运营以及后期的营销和结算等，提供坚实的数据支持。实际上，在大数据日益盛行的今天，中小房地产企业提升其项目管理水平，就必须将各项管理活动建立在大量的数据分析的基础之上，“让数据说话”是房地产企业建立现代企业制度的关键要素。当然，房地产企业信息管理系统之所以需要完善的根本在于通过引进信息化技术，对整个项目管理进行流程再造，从房地产项目的规划、融资活动、项目工程的设计、实施和监督以及后期的工作，都应该树立信息化的理念，实现数据的收集、分享和保存，这也是中小房地产企业自身的竞争力所在，成为一个日本著名组织学习专家所言的“知识创建的企业”。

第二节　项目开发前期质量控制

房地产开发项目前期工作，主要是指项目建议书、可行性研究报告、项目开发的产品策划等。前期工作的质量是整个房地产工程项目的关键。因为房地产项

目的地段选择、规模、规划方案的内容、户型构成、潜在目标客户分析、客户购买的心理分析、配套设施水平分析、开发项目的技术含量分析、风险分析、财务和经济效益和社会效益等是否深入全面，各项数据是否符合实际，直接决定着拟开发项目的前途和命运。因此，要采取各种措施来加强前期工作的质量控制。

一、对市场策划的质量管理

市场策划的目的是针对房地产项目开发的市场进行调研与预测，确定项目的市场位置，找出项目现有的潜在的目标客户，分析目标客户的需求方向，从而对项目进行总体定位，最终为项目的后续策划打下良好基础。

市场不仅是质量的来源，也是质量最终鉴别的标准。市场研究的质量也会对后续工作和最终产品的质量带来极大的影响，但是往往由于对这项工作的重视程度不够，导致了在进行市场策划的工作中，存在着许多潜在的质量问题。

比如对市场分析的思路和方法缺少科学的设计和严密的流程；对调研过程缺少控制和监督；过于偏重对二手资料的应用；调查内容不够充分；对调研结果的审核和检查不够严格；缺少对消费者的跟踪调查；对市场的判断定性多于定量；定量研究的方法不当；指标权重设置过于随意；在进行市场定位时目标过于宽泛，结论过于模糊缺少指导价值。

市场策划所涉及的内容非常复杂，影响市场策划结果的因素也非常多。由于受到预算的限制和时间、人力的约束，特别是资料的缺乏，使任何一个策划结果都不是无懈可击的。但是研究报告的质量好坏又很大程度上影响了项目的生存和发展，因此必须要加强对市场策划的质量管理。在这个阶段进行质量管理的思路如图 3-7 所示。

思路一	加强对平时房地产市场状况的跟踪调查和分析，建立数据库
思路二	注重对市场研究人员素质的培养和管理
思路三	采用多种调研方法共同进行，并参考各方面专家的意见
思路四	对策划调研类的外包公司进行招标或评审，对其实施过程进行全程监督考核，对结果进行综合验收，对其能力和水平进行事后评价

图 3-7 市场策划阶段的质量管理思路

二、对投资策划的质量管理

房地产投资策划是指房地产项目在市场调研和预测基础上，以投资效益为中心，从机会选择、项目构思到正式立项等一系列的策划工作，它是以获取具体的投资方案为目的的创造性活动，简单说就是房地产项目的可行性研究。

房地产投资策划作为可行性研究的范畴，它的专业性和综合性较强，内容包括对环境、区位、开发时机、开发内容、开发模式、成本预算等各方面的分析以及财务分析与经济评价。在房地产投资策划的工作中，由于复杂性较高也存在着许多质量问题，比如研究依据不充分、内容不完整、深度不够、定性描述多、定量计算差、研究过程不规范、缺少专业沟通、研究方法和指标不合理、缺少风险分析、应付工作或过于乐观等。

投资策划的质量对未来项目的成败有着决定性的作用，它可以影响到投资决策、资金筹措、规划设计方案、开发工期安排、项目成本控制、销售回款节奏等方方面面，因此必须要提高和重视房地产投资策划的质量，可以采取的措施如图3-8所示。

措施一	选择优秀的顾问公司和专业人员从事该项工作，并对过程进行周密的安排和把控
措施二	加强各方面的人员配备和保证各专业的紧密及时沟通
措施三	保证基础资料的全面和可靠
措施四	对方案进行多轮调整和优化，并提出多种可行方案进行比较和评价
措施五	建立工作成果质量评审制度，通过内审和外审层层把关来共同提高成果质量
措施六	加强合同管理，在合同签订前把工作计划和内容要求予以明确，在工作过程中和结束后严格按照合同约定来付款
措施七	通过项目开发过程中和完成后的项目评估来检验前期的工作质量，奖优罚劣并指导改进以后的工作

图3-8　投资策划阶段的质量管理

三、项目开发前期工作质量管理措施

房地产开发项目前期工作，主要是指项目建议书、可行性研究报告、项目开发的产品策划等，而前期工作的质量是整个工程项目的关键。

1. 建立开发项目质量管理责任制

项目经理是开发项目质量的全权负责人，必须亲自抓质量工作。其职责如图3-9所示。

2. 制订开发项目的质量计划

制订开发项目的质量计划必须做到如图3-10所示的两点。

如是独立的开发项目团队，就应对开发企业的质量管理体系进行适当调整，

职责一 根据投资人项目开发战略、市场定位目标，负责编制开发项目质量计划，并组织实施

职责二 按质量计划规定，跟踪、督促、检查项目质量计划执行情况，特别是主要质量控制点的验证、检查和评审活动

职责三 对发现的重大管理方面或技术方面的质量问题，组织研究解决，向项目团队负责人报告

职责四 编制项目质量报告，报上级质检部门和总经理

图 3-9　项目质量管理责任职责

充分了解项目投资人开发项目的战略决策和质量政策，了解和掌握项目的特点，熟悉地产行业动态走势，明确咨询成果的质量目标和质量标准

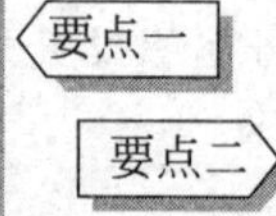

熟悉咨询企业的质量管理体系文件，根据项目组织结构的特点，决定如何应用企业的质量管理体系

图 3-10　制订开发项目质量计划的要点

把质量目标进行层层分解，按质量计划和实施步骤层层落实，一直落实到末端。每一层次职责、权限、资源分配以及保证质量的措施都予以明确。

质量管理计划要简明扼要，重点突出，具有可操作性。

3. 建立开发项目前期工作成果的质量评审制度

建立评审制度是保证和提高开发项目前期成果质量的重要手段，采用德尔莫菲法进行评审，吸取更多专家的知识和智慧，可以及时发现问题，优化前期工作成果。

对项目咨询公司提供的项目咨询工作完成以后，开发商项目团队要求咨询公司先组织本项目人员对项目咨询成果进行自我评审，然后再进行内部评审。

内部评审完成后，咨询成果才能提交给委托方，建设方项目经理可邀请有关专家对咨询成果进行评审和完善，并形成相应记录文件，以提高投资效益。

第三节　项目设计阶段的质量控制

设计是从技术方面来定义项目的技术系统，定义项目的功能、工艺等各个总体和细节问题，这些工作包括功能目标的设计和各个阶段的设计。一个房地产项目的工程设计质量不仅直接决定项目最终所达到的质量标准，而且也决定了项目

实施程序和费用。设计中的任何错误都会在计划、施工、运行中扩展、放大，引起更大的失误。因此，房地产公司必须重视设计阶段的质量控制，必须严格控制和认真协调项目设计的各个方面。

一、项目设计质量控制的范围

设计是从技术方面来定义工程的技术系统，它包括工程的功能、工艺、功能目标的设计和各专业的技术设计。设计中的任何错误都会在计划、实施、施工、运行中扩展放大，造成质量问题。涉及工程设计的质量包括如图 3-11 所示的两个方面。

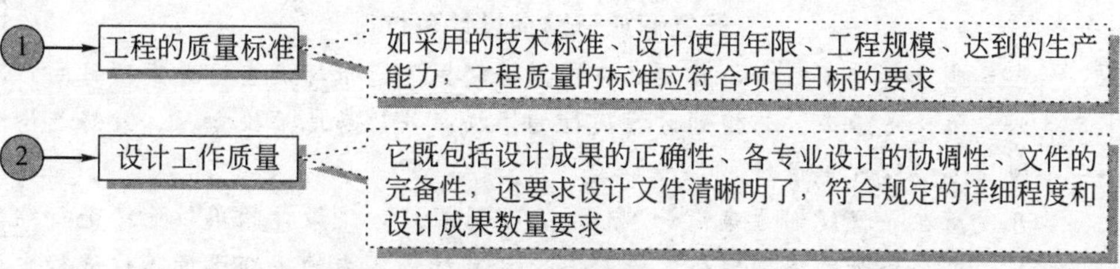

图 3-11　项目设计质量控制的范围

二、项目设计质量要求的确定

项目质量的要求是为项目的总目标服务的。对于房地产项目而言，质量标准的制定通常是在决策阶段提出，在设计阶段逐步具体化，通常按如图 3-12 所示的过程进行。

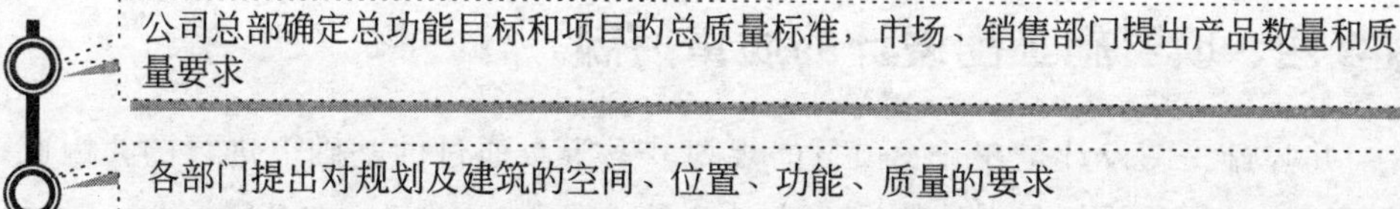

图 3-12　制定质量标准的过程

三、项目设计单位的选择

设计单位对设计的质量负责，对设计质量有根本性的影响，而许多房地产公司和项目管理者在项目初期对它没有引起足够的重视，有的为了方便、省钱或其他原因将项目设计委托给不合格的设计单位甚至委托给业余设计者，结果造成很多经济损失。

设计工作属于技术和艺术相结合的高智力型工作，其成果评价比较困难。设计方案以及整个设计工作的合理性、经济性、新颖性等常常不能从设计文件，如图纸、规范、模型的表面反映出来，所以设计质量很难控制。这就要求对设计单位的选择予以特别的重视，要依据设计单位的资质等级、设计能力、设计经验、市场信誉等进行项目设计单位的选择。

相关链接：

开发商如何选择设计单位

在房地产开发项目中，前期的可行性研究报告、市场调查、开发项目的产品策划定位，是后来作为规划方案设计的依据。作为房地产投资人，最好是请一个规划方案设计单位。

开发商在寻找规划方案设计单位时，要对规划方案设计的单位业绩进行综合考察，根据楼盘的策划定位，选择三家具有相应实力的规划设计单位进行方案设计，并请本项目咨询公司相关人员对方案设计单位进行项目可行性研究、产品市场定位的介绍讲解，设计人员在此基础上进行规划方案设计。在方案设计过程中，建设单位尽量不要对方案设计人员指手画脚，不要随意干涉，让设计师尽情发挥。在几家都拿出不同方案后，由建设方组织相关专家讨论会，评选出最优的初步规划方案。建设方再与作出最优方案的设计单位签订合同，在此基础上进行细化，作出报批方案。

四、项目施工图设计的质量控制

房屋施工图设计是在开发项目的规划方案审查通过的基础上进行的，因此，规划方案是作项目初步设计的设计依据。

1. 定期对设计文件进行审核

正确地编制设计任务书，设计任务书应以项目前期的策划定位、批准的规划设计方案、以往工程设计的历史记录和编写人的经验为依据进行编写。为了有效地控制设计质量，就必须对设计进行质量跟踪，定期对设计文件进行审核。在设计过程中和阶段设计完成时，开发商的项目设计主管人员应以设计招标文件（含设计任务书、地质勘察报告等）、设计合同、政府有关批文、各项技术规范、气象、地区等自然条件及相关资料为依据，对设计文件进行深入细致的审核。在审查过程中，特别要注意过分设计和不足设计两种极端情况。过分设计，导致经济

性差；不足设计，存在隐患或功能降低。

2. 建立设计经理质量责任制

房地产公司宜建立设计经理质量责任制，设计经理在项目经理的领导下，负责如图 3-13 所示的事项。

事项一	对设计过程进行管理，监督检查建设方各专业工程师对专业设计中执行公司的质量体系文件情况，确保设计产品和服务满足合同规定的质量要求
事项二	组织设计策划，并将策划结果编入设计计划
事项三	根据项目计划、项目质量计划和设计计划的规定，对设计过程进行控制
事项四	负责各专业之间的衔接
事项五	负责组织设计各专业的综合技术方案的审查和协调，确保综合技术方案的合理性
事项六	负责组织或监督检查设计各阶段的设计评审和设计验证
事项七	负责控制设计变更，按设计更改控制程序规定进行控制
事项八	对设计关键控制点进行检查，亲自组织或检查对设计质量有重大影响的活动和设计文件

图 3-13　设计经理职责范围

3. 明确建设方各专业工程师的监控设计质量的职责

建设方各专业工程师要编写专业设计任务书，明确各阶段设计的细度和深度以及体现项目特点的设计要求，具体如图 3-14 所示。

范围一	作为建设方，对设计监控一般都按专业监控，实行专业和项目组相结合的矩阵方式管理
范围二	设计单位的各专业部门和项目组与建设方相关专业人员和项目部必须形成对应衔接的工作关系，建设方相关人员对设计质量都负有管理和控制的职责
范围三	采取措施对专业的设计过程实施有效的控制
范围四	要求设计单位为项目派遣符合资格要求的专业负责人和各级设计人员，保证项目具有足够质量和数量的人力资源，以确保设计质量
范围五	负责确定设计中采用的专业技术方案，对设计专业技术方案的先进性、可靠性、合理性负责
范围六	组织或参加设计各阶段设计输入、输出、成品的评审或验证

图 3-14　建设方各专业工程师职责范围

五、项目设计工作中的质量控制

在房地产开发项目设计阶段进行质量控制，能够建立起完善的质量控制机制，从而保障设计方案的合理性和质量可靠性。设计工作中的质量主要可通过如图 3-15 所示的 4 个措施来进行控制。

措施一 分析阶段进行审查

对阶段性的设计成果应审批签章，再进行更深入的设计，否则无效，无论是国内还是国外，设计都是分阶段进行的，逐渐由总体到详细，各个阶段都必须经过一定的权利部门审批，作为继续设计的依据，这是一个重要的控制手段

措施二 委托专家审查

由于设计工作的特殊性，对于一些大的、技术要求高的项目，或情况特殊的项目（如基地情况异常），业主和项目管理者常常不具备相关的知识和技能，这时可以委托设计监理或聘请专家咨询，对设计进度和质量、设计成果进行审查，这是十分有效的控制手段

措施三 多方案对比选择

由于设计单位对项目的经济性承担责任，所以常常从自身的效益角度，不愿意作多方案的对比分析，但从项目全面控制的角度出发，要采取措施来优化设计目标和方案

措施四 对设计工作质量进行审查

这是一项十分细致的，同时又是技术性很强的工作，在设计阶段发现问题和错误，纠正是最方便、最省钱的，对项目的影响也最小

图 3-15 设计工作中的质量控制措施

相关链接：

优化房地产开发项目设计管理的质量控制措施

1. 制定明确的责任制度

首先，责任制度作为在房地产开发项目设计管理中关于质量控制的重要内容和途径，应当充分发挥出其应有作用。要对于相关的责任制度进行细化，针对房地产开发项目管理中的设计阶段的特点，制定相关的责任制度，特别是在责任制度的制定中，对于设计单位的责任要予以明确。通过建立这种明确的责任制度，对设计人员的权责进行明确，提高其责任心和使命感，促使设计人员

能够在设计工作中自觉进行质量控制。责任制度应当细化到个人，比如在房地产开发项目设计中，对于设计图纸的信息完善性和合理性应当进行明确，特别是对于一些重点质量控制数据，应当予以细化，参照我国的相关标准，提高设计图纸的规范性。

2. 建立完善的监督机制

建立完善的监督机制主要体现在以下两个方面。

一方面，应当在设计单位中建立相应的监督机制，如图纸审核机制，由不同的设计负责人对设计图纸进行多次审核，针对质量控制要点进行重点审核。通过设计单位自身的约束机制，对于设计人员的工作态度、工作方法等进行控制，并且应当加强对设计人员的培训，提高其职业道德和业务水平。

另一方面，应当在设计过程中引入外部监督机制，使得建设单位和相关监理部门也能参与到设计过程中，对于设计方案的合理性和质量控制措施进行监督。

3. 充分应用计划分析进行质量控制

质量控制方法方面，应当在房地产开发项目设计管理中针对不同的房地产项目建设特点和不同的环节阶段，选择适宜的质量控制方法，并且应当在设计方案中明确相关的质量控制方法，以此确保质量控制措施的实施。充分应用计划分析的相关方法和理论，制订完善的质量控制计划。对质量控制计划进行细化，划分为若干个质量控制阶段，设置阶段性的计划目标。依照质量控制计划，设计相应的计划考核机制，定期对质量控制计划的实施情况进行考核。同时，在计划的制订中，为了确保质量控制计划的可实施性，应当进行完善的调查评估，针对设计方案的质量要求，确定各个阶段的质量控制目标。如果在设计过程中出现了设计要求变更或者设计图纸变更，应当进行严格的质量论证，评估设计变更是否会影响到整体设计方案的质量控制，在发生变更后，及时更正质量控制计划。

第四节　项目施工阶段的质量控制

项目施工阶段质量控制是工程项目全过程质量控制的关键环节，关系到整个工程项目的最终质量能否达到国家规范和业主的要求，因此项目经理要全力做好项目施工阶段的质量控制。

一、施工阶段质量控制的重要性

施工是开发项目形成实体的过程，也是决定最终产品质量的关键阶段，要提高开发项目的工程质量，就必须狠抓施工阶段的质量控制。工程项目施工涉及面广，是一个极其复杂的过程，影响质量的因素很多，使用材料的微小差异、操作的微小变化、环境的微小波动、机械设备的正常磨损，都会产生质量变异，造成质量事故。工程项目建成后，如发现质量问题又不可能像一些工业产品那样拆卸、解体、更换配件，更不能实行“包换”或“退款”，因此工程项目施工过程中的质量控制，就显得极其重要。

二、施工阶段的质量控制要点

房地产项目施工阶段的质量控制不仅要保证项目的各个要素，如材料、设备、工艺等符合规定要求，而且要保证项目整体及各个部分都符合项目质量要求，达到项目预定的功能，使整个项目系统能经济、安全、高效率地运行。

1. 施工准备阶段

施工准备阶段的控制要点如图 3-16 所示。

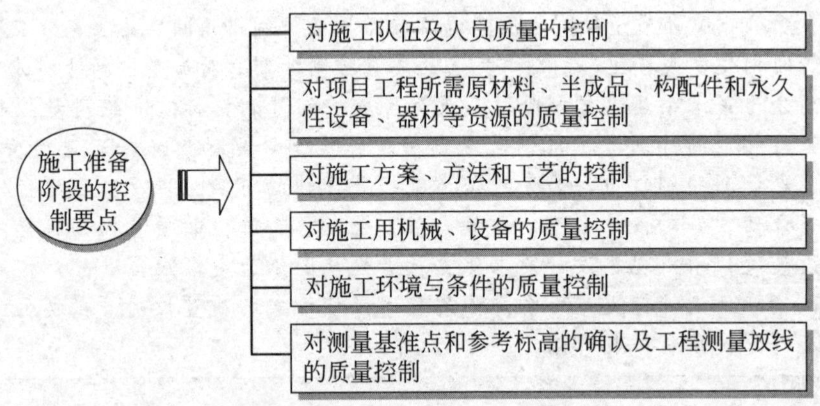

图 3-16　施工准备阶段的控制要点

2. 施工过程的控制要点

施工过程的控制要点如图 3-17 所示。

3. 竣工验收阶段的控制要点

竣工验收阶段的控制要点如图 3-18 所示。

三、施工阶段的质量控制措施

房地产项目施工质量控制是指为达到房地产项目质量要求所采取的作业技术和活动，这个阶段的质量要求主要是依据工程合同、设计文件、规范规定的质量标准等。

要点一	对施工承包单位质量控制的自检系统进行监督
要点二	对施工过程进行质量跟踪监控，严格工序间的交接检查，建立施工跟踪档案
要点三	会同建设监理单位审查设计单位或承包单位提出的工程变更或图纸修改
要点四	对重要的承重结构，和主要部分的隐蔽工程如基槽、钢筋混凝土基础、主体结构中现浇钢筋混凝土柱、梁及屋面防水等进行检查验收，确认合格后办理隐蔽工程验收手续
要点五	进行给排水、电器安装的测试，如果符合设计要求，应予签证；对设备安装检查应做防水检查，防止设备的滴、漏、渗等现象
要点六	进行工程质量的评定和竣工验收准备工作，做好施工资料收集整理工作
要点七	认真做好施工日记，施工日记的内容应包括日期、天气情况、施工部位及施工内容、施工过程中发生事故及处理结果等
要点八	对沉降有观测要求的建筑物、构筑物，在施工过程中督促施工企业进行定期观察，并做好相应的记录
要点九	监督和协调施工企业做好文明施工、安全施工

图 3-17 施工过程的控制要点

要点一	对工程的工程质量进行检查，看是否达到了设计和规范的要求，如结构、地面、油漆工程、门窗、建筑垃圾、绿化工程等
要点二	对项目的完整性进行检查，看项目的内容是否有疏漏，以保证项目的功能完整
要点三	对工程实体的检查和各种质量文件的检查，对查出来的问题应限期解决，既可以边移交边解决，也可以推迟移交，再做复查
要点四	按规范采用某些技术检验方法，对项目的组成部分进行功能方面的检查，如对给排水管道、采暖设备、通风管道的检验，和对一些材料和设备的特殊检查等
要点五	房地产项目的全部工程完成后，业主组织力量或委托某些专业工程师对整个项目的工程实体和全部施工记录材料进行交接检查，找出存在的问题，并为下一步质量评定工作做好准备

图 3-18 竣工验收阶段的控制要点

1. 施工阶段质量控制的目标及方法

工艺控制和建材控制是施工阶段质量控制的主要方法，如图 3-19 所示，在这两个目标实现过程中，两种方法需有机结合，交叉进行。

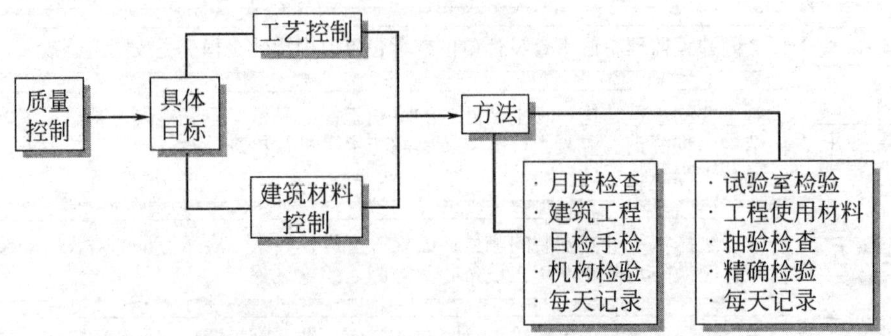

图 3-19　施工阶段工程质量控制的目标及方法

2. 项目施工质量控制的要点

在工程实施中，如果发生问题，质量目标最容易受到损害，而施工质量控制的关键因素是实施者，所以开发商与项目经理应重视对承包商、供应商的选择，通过相关的约定明确施工企业对施工质量负责的方针，同时开发商必须向实施者落实质量责任，灌输质量意识。

仅仅如此，开发商还无法确保施工质量绝对合格，开发商还要重视质量体系文件的审查、批准和执行监督，尤其是通过合同和项目手册的相关规定，保留掌握质量控制的程序制定和其他相关权力。

3. 房地产项目施工工序的质量控制

合理的施工工序是工程质量的又一个重要保证。很多工程出现质量低劣，甚至安全事故的重要原因就是乱抢进度，违背合理的施工顺序。工序是人、材料、机械设备、施工方法和环境等因素对工程质量综合起作用的过程。由于施工过程是由一系列相互联系与制约的工序所构成，所以施工过程中质量控制的主要工作应当是以工序质量控制为核心，设置质量控制点，进行预控，严格质量检查和加强成品保护。

在工序施工前，需对影响工序质量的因素或条件进行监控。要控制的内容一般如图 3-20 所示。

4. 施工材料的质量控制

施工材料是形成建筑物的基础，如果材料不合格，那么用这些材料建成的建筑物一定不合格，甚至会影响整个结构安全。对形成建筑物的各个品种要严格把关，避免不合格品混到建筑物中去。施工材料的质量控制需要设计、施工、监理、建设单位、各材料供应部门一起来抓。施工单位是建筑材料的直接使用者，

因素一 人的因素，如施工操作者和有关人员是否符合上岗要求

因素二 材料因素，如材料质量是否符合标准，能否使用

因素三 施工机械设备的条件，如其规格、性能、数量能否满足要求，质量有无保障

因素四 采用的施工方法及工艺是否恰当，产品质量有无保证

因素五 施工的环境条件是否良好等

图 3-20 影响工序质量的因素

从材料员、质检员、具体操作的工人班组和工长到项目经理都要重视材料的质量控制工作。

（1）施工材料质量控制的基本要求。虽然工程使用的建筑材料种类很多，其质量要求也各不相同，但是从总体上说，建筑材料可以分为直接使用的进场材料和现场进行二次加工后使用的材料两大类。前者如砖或砌块，后者如砌筑砂浆等。材料质量控制的基本要求如图 3-21 所示。

要求一 材料进场时其质量必须符合规定

要求二 各种材料进场后应妥善保管，避免质量发生变化

要求三 材料在施工现场的二次加工后必须符合有关规定，如混凝土和砂浆配合比、拌制工艺等必须符合有关规范标准和设计的要求

要求四 了解主要建筑材料常见的质量问题及处理方法

图 3-21 材料质量控制的基本要求

（2）进场材料的质量验收。对进场材料的质量验收需要严格执行有关程序，只有合格的材料才能进场使用。一般会采用如图 3-22 所示的三个步骤。

（3）见证取样和送检。随着房地产项目工程质量管理的深化，对工程材料试验的公正性、可靠性提出了更高的要求。见证取样和送检的具体做法是对部分重要材料进行试验的取样、送检，由监理工程师或开发单位的代表到场见证，确认取样符合有关规定后，予以签认，同时将试样封存，直至送达试验单位。这种方法，较好地对取样送检过程实施了第三方监督，使试样的公正性大为提高。

（4）新材料的使用。新材料通常指新研制成功或新生产出来的未曾在工程上使用过的材料。建筑工程使用新材料时，由于缺乏相对成熟的使用经验，对新材料的某些性能不熟悉，因此必须贯彻严格、稳妥的原则。新材料的使用应该满足图 3-23 所示的三条要求。

第一步　对材料外观、尺寸、形状、数量等进行检查

通过实物检查，可以杜绝许多外观、尺寸不合格或实物性能与标准不符合的劣质材料，为保证进场材料的质量，进场材料必须有生产厂证明文件

第二步　检查材料性能是否符合设计要求

材料质量不仅应该达到规范规定的符合标准，当设计有要求时，还必须符合设计要求，因此，材料进场时，还应对照设计要求进行检查验收

第三步　对主要材料抽样复试

为了确保工程质量，对涉及地基基础与主体结构安全或影响主要建筑功能的材料，应当按照有关规定进行抽样复试，比如，对进入施工现场的水泥的安定性、钢材的力学性能等进行抽样复试，以检验其实际质量与所提供的质量证明文件是否相符

图 3-22　进场材料的质量验收步骤

要求一　新材料必须是正式产品

新材料必须是生产或研制单位的正式产品，产品质量应达到合格等级，没有质量标准的材料或不能证明质量达到合格的材料，不允许在建筑工程上使用

要求二　新材料必须通过试验和鉴定

为了确保新材料的可靠性与耐久性，在新材料用于工程前，应通过一定级别的技术论证与鉴定，对涉及地基基础、主体结构安全及环境保护、防火性能以及影响重要建筑功能的材料，应经过有关管理部门批准

要求三　必须得到参与方认可

使用新材料，应经过设计单位和施工单位认可，并办理书面认可手续

图 3-23　新材料的使用应该满足的要求

（5）常用建筑材料的质量控制。建筑材料质量的检验项目可分为“一般试验项目”和“其他试验项目”。前者指在大多数情况下需要进行的试验项目，后者则是根据具体情况和需要，必要时应进行的试验项目。

比如，对水泥而言，一般应进行标准稠度、凝结时间、抗压和抗折强度试验，但如果进场水泥是小窑水泥，则应增作安定性试验。

材料质量检验的取样必须有代表性，在采取试样时，必须按规定的部位、数量及采选的操作要求进行。

四、完善质量保证措施

在房地产开发项目的施工阶段进行质量控制，对于保障房地产开发项目的建设质量有着重要作用。在这一阶段，项目经理应努力完善质量保证措施，给予房地产开发项目最大的质量保障。

1. 人员管理措施

人员管理措施如图 3-24 所示。

措施一	提高全员质量意识和技术素质
措施二	质量保证体系要正常运转，各负其责，并做到奖罚分明，确保合格率达到100%
措施三	各级领导都要牢固树立“百年大计，质量第一”和“质量是企业的生命”的思想，通过各种形式将这一思想落实到每个施工人员的行动上，强化全员质量意识
措施四	对持证上岗的人员（如焊工、起重工和电气安装工）做好技术培训，上岗前要严格进行资格确认

图 3-24 人员管理措施

2. 组织保证措施

实行项目责任制，各级管理人员都具有相应的职责，以责、权、利三者相结合的原则，实施中实行动态管理，具体措施如图 3-25 所示。

3. 施工用材料、构配件的质量控制措施

材料、构配件是工程施工的主要骨件，材料的质量是工程质量的重中之重，材料不符合要求，会直接影响工程质量，对此，公司应制定一系列措施加以控制，对所有材料做到双控检验，不合格者严禁入场，具体措施如图 3-26 所示。

4. 技术保证措施

技术保证措施如下。

（1）编制质量管理条例。

（2）编制工程控制程序。

（3）制订质量计划。

（4）开展现场无重大事故活动。

措施一	在公司的直接领导下、监督下，由技术负责人制定各分部分项工程的质量管理卡，整理技术资料，及时解决工程技术问题
措施二	由项目经理指挥施工，认真贯彻施工工艺，合理安排各道工序的施工，及时解决施工中的问题，并负责组织分项工程质量的验评工作，负责其他各级检查的辅助协调工作
措施三	在以施工员为核心的作业层，严格认真地对工程质量按操作工艺认真自检，不合格者及时返工，直至合格
措施四	管理人员及施工作业层，在达到质量要求时，在晋级、福利工资、奖金上按公司有关规定执行，反之，免除其职务，给予处罚
措施五	不服从质检员管理的班组或个人，质检员有权责令其停工，质量低劣的，质检员可向项目经理提出要求换班组长，或辞退某人的建议，报请项目经理认真处理
措施六	不按操作规程和技术交底要求施工的，坚决返工，不得遗留

图 3-25　组织保证措施

措施一	对用于工程的主要材料，进场必须具备正式的出厂合格证和材质检验单，进场后抽样复检，合格后方能使用，否则无条件退场
措施二	工程中所有各种构件必须具有厂家批号和出厂合格证，以及权威部门的检验合格证，构件在使用前必须分堆码好
措施三	凡标志不清或认为质量存在问题的材料，杜绝进场，采购进材时，必须做到货比三家，证件齐全方能选用
措施四	现场配制的材料，如混凝土、砂浆、防水材料、防腐材料、绝缘材料、保温材料等的配合比，须经用方有关部门验算同意后，按单实施，并留足混凝土、砂浆试块
措施五	仔细核对认证其材料的品种、型号、性能无误

图 3-26　施工用材料、构配件的质量控制措施

（5）开展竣工后服务回访活动。

（6）开展消除质量通病活动。

（7）开展 QC 小组攻关活动。

（8）施工质量检查保证体系按公司质量保证体系实施。

(9) 结合工程特点制定质量控制点，并落实责任控制人，做到认真分析研究，采取有效的事前预控措施，以分项工程保分部工程，分部工程保单位工程，确保质量总目标。

(10) 建立由公司总工程师牵头，项目主任工程师和项目工程师参与组成强有力的质量检查监督机构，确保工程优质高速完成。

(11) 项目经理持证上岗，施工现场建立定期质检制度和混凝土准浇证制度，钢筋混凝土浇灌前必须通过监理和质检人员的验收后，由项目技术负责人签发《钢筋混凝土准浇证》后方能浇灌混凝土。

(12) 坚持严格实行图纸会审、技术交底、技术复核、隐蔽工程验收等各项技术管理制度，项目经理部应针对工程特点做好施工组织设计，层层交底落实到人。

(13) 认真抓好工程测量定位工作，严格控制建筑物的垂直度和水平标高，凡测量人员定位放线后，必须经技术主任复核，并经业主和监理对轴线及标高进行复核并办理签证后再行施工。

(14) 认真抓好原材料的试验和检验工作，所有原材料都必须取得出厂合格证和试验检验合格证方能使用，严禁使用无检验合格证和不合格的原材料。

(15) 工程施工自始至终要对分部分项工程实行自检、互检、交接检的“三检制”，上道工序施工不合格，严禁进行下道工序施工。

(16) 各种计量器具、试验设备和仪器仪表，首先通过计量部门校核后使用，施工中应严格执行计量工作有关规定，拌制混凝土和砂浆时必须按重量比，将骨料过磅，并准确控制水灰比。

(17) 建立严格的材料检验制度。工程用水泥、砌块、防水材料、电线等必须有产品合格证书和进场后的抽样复检合格报告，才能使用。

(18) 认真做好施工日记，质量保证资料及时归档，及时对分项、分部工程进行质量检验评定。

(19) 做好成品保护，防止损坏已完成的分部、分项工程。

五、制定工程质量管理制度

工程质量现场管理制度大致可以分为：图纸会审制度、施工交底制度、样板先行制度、旁站监理制度、工序控制制度、材料管理制度和联合检查制度等。

1. 图纸会审制度

在图纸会审时应关注各专业图纸中的一致性，提前发现、解决错漏，避免日后返工。同时对未来小业主使用中可能带来的不安全、不便利和不舒适问题应列明并报告相关部门及早解决。对于可能影响工程质量的细部设计提出专业意见及早解决。

2. 施工交底制度

施工前由项目发展部组织发展管理部、设计部召开现场技术交底会对施工单位进行充分的技术交底，提出相应的质量要求，在施工过程中须严格按上述要求进行质量控制和验收。

3. 样板先行制度

涉及外观及对质量有较大影响的材料均需由公司相关部门确定样板，确认后的样板需送项目发展部并封存留样，作为验收依据。与样板不符的任何材料不允许在项目中使用。所有装修工程包括粗装修的砌筑、抹灰工程等，在大面积施工前必须先做施工样板，施工样板经项目发展部确认后方可大面积施工。

4. 旁站监理制度

为加强对隐蔽工程及重要工程节点的质量控制，要求对基坑开挖与支护、桩基础施工、模版体系、混凝土浇筑、防水工程、土方回填、重要设备安装、塔吊拆除等工程节点实行旁站监理。

5. 工序控制制度

工序控制管理即在上一道工序得到检查合格后方可进行下一道工序施工。项目发展部须制定分阶段验收制度并制作专项工序控制表格进行工序控制，如结构拆模要求提交“拆模申请令”、外墙拆架要求提交“拆架申请令”、防水工程施工前要求提交“工序交接单”、抹灰施工前要求办理“隐蔽验收记录”等。

6. 材料管理制度

建立各种主要材料供应商、材料品牌名册，定期调整，并列入合同供分包单位选择。凡进入现场的材料、设备均应严格执行材料报审制度。项目发展部各专业工程师应与监理工程师一起对进场材料、设备以及半成品、成品进行抽样检查（设计样板对照）或抽样送检，监理工程师负责材料送检监督。

7. 联合检查制度

为加强对工程质量的监控管理，项目发展部须建立主分包单位自查自检、我方联合监理单位和施工单位的分部分项工程联合检查、竣工验收前联合普检、入伙前质量普检等工程质量检查体系，对检查发现的问题进行及时反馈，主分包单位逐项进行维修整改。

下面提供一份项目工程质量管理办法的范本，供读者参考。

【实战范本】项目工程质量管理办法

项目工程质量管理办法

1 目的

为逐步完善公司工程质量管理制度，提高工程质量管理的程序化、标准化，指导各地区公司完善管理流程，从而保证工程质量，规范现场管理，特制定此办法。

2 定义及适用范围

2.1 定义：本项目工程管理工作是指公司为新开发项目成立项目发展部之后，工程从开工直到竣工验收，整个施工过程中公司各部门为保证工程顺利完成，达到总体发展目标，而进行的全方位、全过程、多层面的管理工作。

2.2 适用范围：本制度适用于公司全额投资或控股项目的内部工程质量管理，不属此范围的项目，总部结合实际情况确定其具体管理办法。

3 原则

本指引供地区公司参照使用，非强制性标准。请各地区公司在实际工作中，结合本公司的实际情况，认真研究，制定出适合本公司的工程质量管理办法并遵照执行。

4 工程管理

4.1 工程开工准备工作。

4.1.1 项目发展部的成立。当项目立项以后，公司根据实际情况决定项目发展部的成立时间、人员配备、办公地点等各项事宜。在项目发展部成立之前，项目的前期施工准备工作由项目发展经理牵头，发展管理部、合约部负责组织和实施。项目发展部成立以后，其应参与或配合各项工作，其中涉及施工现场的工作可以由项目发展部负责组织。项目发展部的办公地点、办公用品、食堂、宿舍后勤工作由项目发展部报公司领导批准后组织落实，其他部门予以协助。

4.1.2 现场质量管理工作的启动。项目发展部根据项目《工程管理指导书》具体展开与落实各项工作，并随工程的展开在需要时调整与完善方案，确保工程质量。

4.1.3 场地“三通一平”的实施、施工临时排水、施工路口手续的办理及各种施工许可证的报批报建。工程开工之前，项目发展部负责安排现场的“三通一平”（水通、电通、路通、场地平整），发展管理部办理场地临时排水及施工路口手续的工作，涉及分判工作由合约管理部协助落实。同时，发展管理部根据项目发展总体进度计划并按照政府有关的规定及程序办理各项施工许可证的报批报建手续。

4.1.4 施工组织设计审查。在施工单位中标后，项目发展部应要求施工单位报送有针对性（进一步熟悉图纸和施工现场情况的基础上）地完善投标时的《施工组织设计》，并要求施工单位填写“施工组织设计（方案）报审表”报项目发展部和监理单位审查。项目发展部应对《施工组织设计方案》中涉及质量控制方面的内容，如管理架构、人员岗位配备、质量保证体系和措施、重要的工程控制以及专题技术方案等环节进行重点审查，必要时应召开专题审查会议，会议纪要将成为施工组织设计补充内容。

4.2 工程开工后的管理。

4.2.1 工程开工后，根据工程施工顺序，基础工程施工→基础工程竣工→主体工程施工→装饰工程施工→配套、景观工程施工→竣工验收，要求监理单位做好日常监督管理工作，项目发展部负责质量管理，公司相关部门给予资源、技术支持。

4.2.2 工程采用项目发展部、监理单位两个独立的管理主体进行平行管理，建立项目发展经理负责制的项目管理体系，我方直接面对承包商和主材供应商，确保工程直接受控。

4.2.3 对监理单位控制质量行为的要求与实施。

(1) 控制依据：《监理合同》和《现场监理管理办法》。

(2) 对《监理规划》《监理细则》进行审查，审查人应签署审批意见。

(3) 对监理工程师的资格审查：项目发展部应对监理单位派出的监理工程师进行资格审查，核对监理人员数量、资格证书是否与监理合同的规定相一致、是否具备资格、工作人员数量是否足够等，在核对无误后，再将监理工程师的姓名、性别、专业、技术职称、资格证书名称、证书号码等登记在“监理工作人员登记表”上，为了更有效地监控监理工作，监理单位各施工阶段需上报项目发展部“监理人员分工表”。

(4) 审核“监理月报”：项目发展部应要求监理单位每月上报“监理月报”，并对其中所反映的质量等情况形成反馈意见，填写“监理月报审核意见表”，项目发展部对于“监理月报”中反映的问题以及项目发展部本身平时所发现的问题，应要求监理敦促承包商予以整改，并将整改结果再上报项目发展部核实。

(5) 监理例会或其他专题会议：对监理单位组织召开的针对工程实体质量的会议，项目发展部应予参加，必要时，项目发展部也可以组织监理单位和承包商召开质量专题会议，各会议应注意做好相应的记录并予以保存。

(6) 按照国家有关基本建设程序的法律法规规定，应由建设单位参加并签署的各种中间隐蔽验收、各种质量保证表格等，项目发展部有责任在签署之前予以核查。

4.2.4 对施工单位控制质量行为的要求与实施。

(1) 人员架构：施工单位应配备一定数量的专业技术人员组成现场施工管理架构，如项目经理、土建工程师、电器工程师、给排水工程师、材料工程师以及各专业管工等，负责工程施工中的质量控制。

(2) 工作流程：施工单位应建立一套清晰明确的工作流程，负责工程施工过程中工程指令的传达与落实，特别是工程质量控制方面的工作，如技术交底、材料检验、工序交接验收、分部分项工程自检、竣工验收自检等。

(3) 施工配合：施工单位（特别是主包单位）应全力配合项目发展部对工程施工顺序及质量的要求，配合项目发展部协调与监控各专业分包的进度与质量，以及配合施工现场监理单位对工程质量的控制与整改要求。

(4) 制度服从：施工单位应清楚项目发展部制定的各种关于工程质量控制方面的制度并严格服从与执行，特别是施工交底、重要工序申请、材料管理、联合检查以及样板制度等。

4.2.5 工程质量管理。

(1) 测量及定位放线的监控：移交项目平面控制及高程控制坐标，并要求监理单位配备专门的测量工程师和施工单位复核控制坐标并提交复核报告，项目发展部对比复核报告无误后，由施工单位布设平面控制网和高程控制网，并向监理单位和项目发展部提交控制网数据，监理单位要对施工单位的定位放线情况进行严格核验，项目发展部现场负责人应督促监理工程师组织场地测量控制点移交和保护工作。

(2) 对工程样板的确认。

① 需要定样的内容。所有可见工程均应确认样板，包括外墙砖、外墙石材、门槛石、精装修材料、大堂、电梯厅装修、楼梯间地砖、踢脚、铝合金或塑钢门窗、百叶窗、阳台栏杆、楼梯栏杆、入户门（包括门锁、门碰等）、外墙涂料、沉降缝、英红瓦、木格栅或耐力板、园建面层装修、私家花园装修、庭院栏杆、栏杆扶手、烟道、复式钢爬梯、屋面砖、绿化苗木、管井门或防火门、水表箱、配电箱、信报箱、室外灯具等。直接影响工程质量的乙供材料亦需要确定样板，如防水卷材、PPR或UPVC管材等。

② 材料样板的确定。

——材料的报样。建筑设计上采用的材料，均要求及时报样给项目建筑师，并留足确认及反复询样的时间，经过项目建筑师确认后，签字盖章送项目发展部样品房，作为施工时对照样板。未送样板或未经过样板确认的材料不得使用在工程上，否则不得予以认可。对于比较复杂的材料，设计师应到现场进行交底，设计师在样板确认时，可在样板上注明材料品牌、规格和要求尺寸等。

——材料的选样。装修材料采用选样制度，由施工单位按照设计师的要求，报送多种样板，设计师选择确定后，签字盖章交项目发展部在施工控制中对照。

——材料样板的变更。由于特殊的原因，样板材料需要变更时，由施工单位以“工作联系单”，说明变更原因，经项目发展部和项目设计师调查后确定，如需变更调整，则由项目设计师重新确认并通知项目发展部、监理单位以及合约管理部。

③ 施工样板的确定。

——需设计师确定的样板。原则上，所有可见工程均须制作施工样板由设计部确认。施工样板确认由项目发展部组织，会同设计师、监理工程师、施工单位参加，对施工样板提出修改意见，由监理工程师整理书面记录，填写“样板确认单”，必要时附图片资料，经设计师、项目发展部结构工程师签字认可，并存档。

——由项目发展部确定的样板。项目发展部确认的样板着重在一些施工质量控制交底方面，由监理工程师提出，由项目发展部及施工单位相关人员参加，主要有施工选材定样（如一般部位钢丝网）、门窗塞缝样板交底、防水堵洞节点处理交底和砌筑、抹灰施工样板、水电预埋施工工艺样板等。

(3) 对施工质量的监控。对施工质量的监控要点见下表。

对施工质量的监控要点

序号	制度名称	控制要点
1	技术交底制度	(1)各工种每道工序施工前必须进行施工技术与要求及验收标准的交底，技术交底分三个层次，即项目发展部、监理工程师对施工单位技术负责人技术交底；施工单位内部对工长的技术交底；工长对具体施工班组的技术交底 (2)涉及到特殊材料和工艺的技术交底工作，需项目发展部牵头组织，设计管理部、设计单位以及施工单位参加，进行交底 (3)要求技术交底有详尽的时间及签名记录，项目发展部在日常的巡视监控过程中，随时抽查交底记录并询问交底过程，如施工工人不能明确回答施工方法及要求的，应立即通知施工单位负责人，限期整改并附相应惩罚措施

续表

序号	制度名称	控制要点
2	“封样”及工程样板房制度	(1)施工单位施工前,必须在项目发展部指定区域,做出项目发展部及监理工程师所要求的分项工程施工样板,经监理、项目发展部认可后方能进行大面积施工;施工单位按监理要求,包括精装修在内的主要材料,必须按计划提交实物样品,实样经监理工程师及项目发展部批准后进行“封样”,以备材料进场时的比对和验收 (2)主体结构做至标准层,要求承包商先做标准房施工的工程样板房(即交楼标准),由项目发展部负责组织,各专业工程师(土建、结构、电气、供排水等)、设计部以及设计院、营销部、物业公司及施工单位等相关人员共同验收 (3)各相关部门参加样板房会审验收后,要形成评审记录,项目发展部负责督促有关单位整改,整改工作由项目经理负责,没有达到整改要求标准的,严禁开展大范围施工工作
3	旁站监理制度	(1)项目发展部应在工程开工前,确定重要隐蔽工程和关键工序,列出工程质量控制点,并针对控制点审核施工单位的施工方案及监理单位的监理细则;项目发展部应对重要的隐蔽工程和关键工序(如土方回填、桩基工程、重要部位的混凝土浇灌、防水工程、装修工程等)要会同监理单位到施工现场进行检查,并检查其落实情况;对于需要旁站监理检查项目,项目发展部各专业工程师应对旁站监理行为进行监督 (2)要求监理工程师采取平行检查、抽查、巡检、旁站的形式,根据有关规范、标准及有关工程建设合同对工程质量进行检查 (3)项目发展部对工程施工中的质量问题和安全隐患向监理单位发出“工程整改通知书”,由监理工程师要求施工单位限期整改,整改完成后,施工单位应有书面“整改回复单”回复,并报监理部、项目发展部复查,若未按时整改,监理部应按合同等规定进行处罚
4	工序控制制度	(1)施工过程中的重要工序须经监理部及项目发展部联合检查认可后才能进行下道工序:结构拆模需提交“拆模申请书”;外墙拆架需提交“拆架申请书”;防水工程施工前要求提交“工序交接单”;抹灰施工前办理相关“隐蔽工程验收记录”等 (2)要求施工单位在混凝土浇筑前必须填写“混凝土工程浇灌令”及报相关附件资料,经监理部签字批准后,才能进行混凝土的浇筑 (3)要求施工单位在每一工序检验批完成后,进行分项工程检验批检查及填写质量验收记录,经监理工程师签字后归档 (4)要求施工单位在各分部及单位工程完成后填写“工程验收报验单”,并提交监理部审核

续表

序号	制度名称	控制要点
5	联合检查制度	在隐蔽工程施工完成后施工单位应先行自检,自检合格后,填写隐蔽验收资料,再通知监理部各专业监理工程师及项目发展部现场工程师进行隐蔽验收,验收合格后监理、项目发展部工程师签字,需要时加盖监理部公章,对于工程竣工验收的联合检查详见《地产工程竣工验收移交办法》

(4) 对施工材料的验收。凡进入现场的材料、设备均应严格执行材料报审制度,项目发展部各专业工程师应与监理工程师一道对进场材料、设备以及半成品、成品进行抽样检查(设计样板对照)或抽样送检,监理工程师负责材料送检监督。由于原则上重要的材料、设备均为甲供,因此监控方法主要是由材料工程师牵头组织监理工程师、承包商把好进场验收这一关,监理工程师严格执行进场材料的审查,并结合现场施工情况,当发现不合格品或货不对板(设计师确定的样板)时坚决予以退货,情况恶劣者要予以处罚甚至取消承包、投标资格。

(5) 对施工现场的管理。

① 项目发展部各专业工程师应协同监理单位主要负责人每星期巡视一次。巡视内容主要是质量、进度及安全文明施工情况,并结合现场情况检查监理工程师的工作。检查情况如实记录在《项目每周巡视记录表》中,巡视发现的问题、时间和处理时间、结果均应填写清楚、明了。当出现严重不合格时,项目发展部工程师应填写《工程整改通知书》给监理单位,并负责现场验证和封闭。当出现一般不合格时,项目发展部工程师应通知监理单位,由监理单位通知施工方并进行现场验证关闭,项目发展部根据不合格所造成结果或可能造成的后果(如防水、安全方面的不合格)需进行现场抽样封闭。

② 在分部工程完工后,项目发展部配合监理单位组织验收,在单位工程完工后,项目发展部应按照《××地产工程竣工质量验收移交办法》中竣工验收程序配合子公司发展管理部进行验收。

③ 在入伙前,项目发展部负责人应组织各专业工程师和监理工程师对户内各承建专业(门窗、栏杆、房间方正、裂缝、装修工程、水电调试等)进行一次百分之百检查,并对检查出的各项质量问题进行整改维修封闭。

4.2.6 工程技术管理。

(1) 图纸管理要点见下表。

图纸管理要点

序号	管理项目	控制要点
1	图纸的发放	项目发展部负责监理单位及施工单位的图纸发放工作
2	图纸的保管	项目发展部应有专人负责统一保管图纸，填写“工程图纸清单”，并定期进行整理，一般来说，图纸至少应有2份
3	图纸会审及设计交底	工程开工前要先做好图纸会审和设计交底工作，图纸会审至少应有两次，第一次为公司内部（设计部、合约部、发展管理部、项目发展部及设计院等）的会审，主要解决建筑及功能上的问题，由设计部主持，第二次会审为开工前或开工前期的会审（设计部、发展管理部、项目发展部、设计院、监理单位、施工单位等），主要解决施工工艺上的问题，由项目发展部主持，图纸会审中提出问题及处理意见要详见会审纪要，汇总整理成正式文件，由业主、设计、施工等与会各方审核无误后签字盖章，图纸会审纪要一式四份（原件），业主、设计、监理、施工各执一份并作为设计补充文件及有效的结算文件

（2）技术方案评审。一般来说，施工过程中的分部分项工程施工方案的评审由监理单位负责组织，项目发展部及其他相关部门参与。对于在施工过程中临时出现的技术质量问题，项目发展部尽可能提前发现问题，主动组织相关施工单位参与方案的设计，或者提出自己的方案供参考等，以使工作更为有效，对于重大工程问题由项目发展部组织公司各相关部门召开专题会议解决。

（3）工程文档管理。

① 工程档案、资料根据工程技术文件类型，将其分为三大类。工程施工类，包括工程立项、工程设计、工程报建文件、工程施工、工程验收、工程决算；生产技术管理类，包括工程管理、工程监理、质量安全管理、科技管理、信息管理；资料类，包括外来信函及文件、规范、标准、条例、法律、法规、技术性文件、专业书刊、施工图、报建图、分项初步设计图、工程回访记录、工程维修记录、质量体系运行记录等。

② 各子公司档案管理部门应根据当地建设行政管理部门的有关规定对工程资料进行管理，施工单位负责工程施工资料的编制，子公司档案管理部门每月对施工资料进行检查，在竣工前一个月进行验收。工程竣工验收后15天内，由项目发展部督促施工单位按建设项目分单位工程组卷，向子公司档案管理部门移交；档案管理部门将工程立项、设计、报建、验收、决算等资料立卷，和施工单位所交资料进行汇总整理，编制移交目录后，在工程竣工验收后1个月内向城建档案馆和子公司物业管理处移交完整的工程施工档案，同时档案管理部门应自留一套完整的工程施工档案。

③ 工程施工档案的归档范围、组卷排列顺序、案卷编目、案卷装订、案卷格式、移交等都必须符合《建设工程文件归档整理规范》（GB/T 50328—2001）的要求，并同时符合所在城市的城建档案馆的有关档案整理要求。

④ 档案管理部门负责档案管理制度建设、管理办法的建立与修改，负责实施国家有关档案的法律、法规及行政文件，负责对项目档案资料收集、整理、归档及指导工作，编制工程竣工档案移交目录，按规定将工程竣工档案向城建档案馆或有关单位移交。

⑤ 档案要定期检查，账物相符。案卷根据保密级别不同而分别标注，妥善保管。借阅档案者必须事先进行登记，填写档案借阅清单后，方可进行借阅。重要档案的借阅和外单位借阅需经子公司主管领导审批。

第四章

项目安全管理

工作指引

房地产行业工程量比较大，涉及的范围也比较广。正是由于范围广，危险的程度高，不确定的不安全因素多，稍微疏忽大意就能导致严重的施工事故，甚至造成生命财产的损失。因此，加强项目安全管理就显得尤为重要。

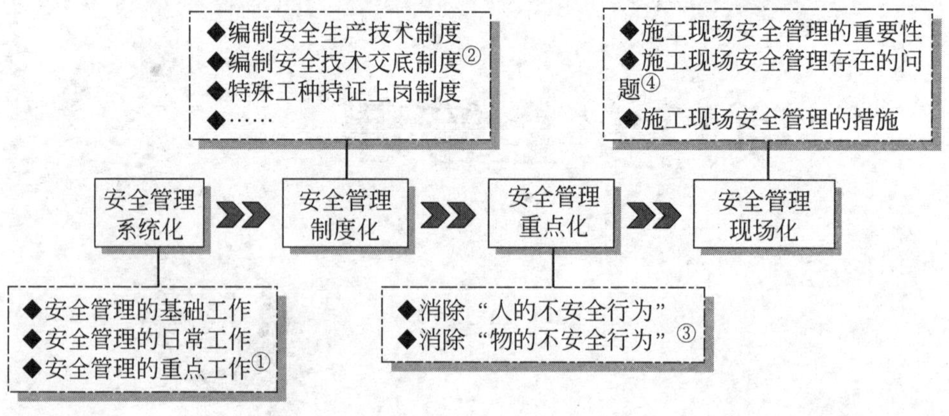

【图示说明】

① 安全管理的重点工作是指对那些施工危险性较大，容易出现安全事故或一旦出现安全事故，则后果比较严重的工序、部位、设备等进行重点关注。另外，还应根据施工进度进展情况及季节性因素等及时调整安全管理工作的重点内容，以避免施工现场出现严重安全事故。

② 由项目总工程师向项目技术负责人或技术员交底，技术负责人向施工队各专业施工员交底，施工队各专业施工员向班组长及工人交底。交底要有文字资料，内容要求全面、具体、针对性要强。交底人、接受人均应在交底资料上签字，并注明交底日期。

③ 加强施工现场安全防护的检查和验收，消除“物的不安全状态”。作为建设单位应组织监理单位和施工总承包单位进性定期的安全检查、专项检查和季节性检查。

④ 施工现场多是室外露天高空作业，生产、生活条件艰苦，从业人员素质相对较低，且流动性大，属工伤事故多发行业。建筑施工的安全势态非常严峻，在安全管理中还存在不少问题需要解决，具体如下：建筑施工单位和人员的安全意识淡薄、安全管理机构和管理人员不能满足实际需要、安全管理人员资质参差不齐、安全教育不落实、安全监督不到位。

第一节　安全管理系统化

要想做好安全管理，真正使项目的安全控制做到万无一失，就必须以全局的眼光，系统化的进行安全管理。

一、安全管理的基础工作

安全管理的基础工作主要包括如图 4-1 所示的内容。

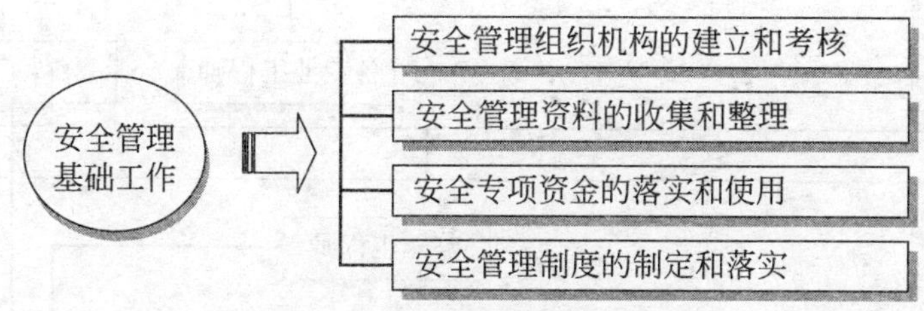

图 4-1　安全管理的基础工作

1. 安全管理组织机构的建立和考核

安全管理组织机构的建立是安全管理的首要内容和基础工作，应在工程开工之前与项目部管理组织机构同时建立，同时建立健全安全生产责任制。

项目部要建立以项目经理为安全第一责任人，以现场安全员、项目技术负责人及项目班组长为成员的项目安全领导小组，负责从开工到竣工全过程的安全生产工作。其中必须根据建筑施工企业安全生产管理机构设置及专职安全生产管理人员配备办法的规定来配备专职安全管理人员，而所配备的专职安全人员应基本具备如图 4-2 所示的 3 点要求。

要求一	要有一定的专业知识和安全管理技能，能发现安全隐患，知道如何处理隐患，同时能组织有关人员进行相关安全生产活动
要求二	要有严谨的工作作风，责任心强，严谨的工作作风就是要“勤快和细致”
要求三	要有服务的心态和谦虚态度，服务的心态和谦虚的态度是指不要有高高在上的感觉，要和现场工作人员处理好关系，乐于接受建议和批评，能让作业人员体会到安全管理工作最直接的受益者就是他们自己

图 4-2　专职安全人员应具备的要求

下面提供一份项目安全管理组织架构示意图的范本，供读者参考。

【实战范本】项目安全管理组织架构示意图

项目安全管理组织架构示意图

项目三级安全管理组织架构模型如下图所示。

安全生产责任制是搞好安全工作的重要组织措施，是安全生产管理核心和中心环节。简单说安全生产责任制就是对各级负责人、各职能部门以及各类施工人

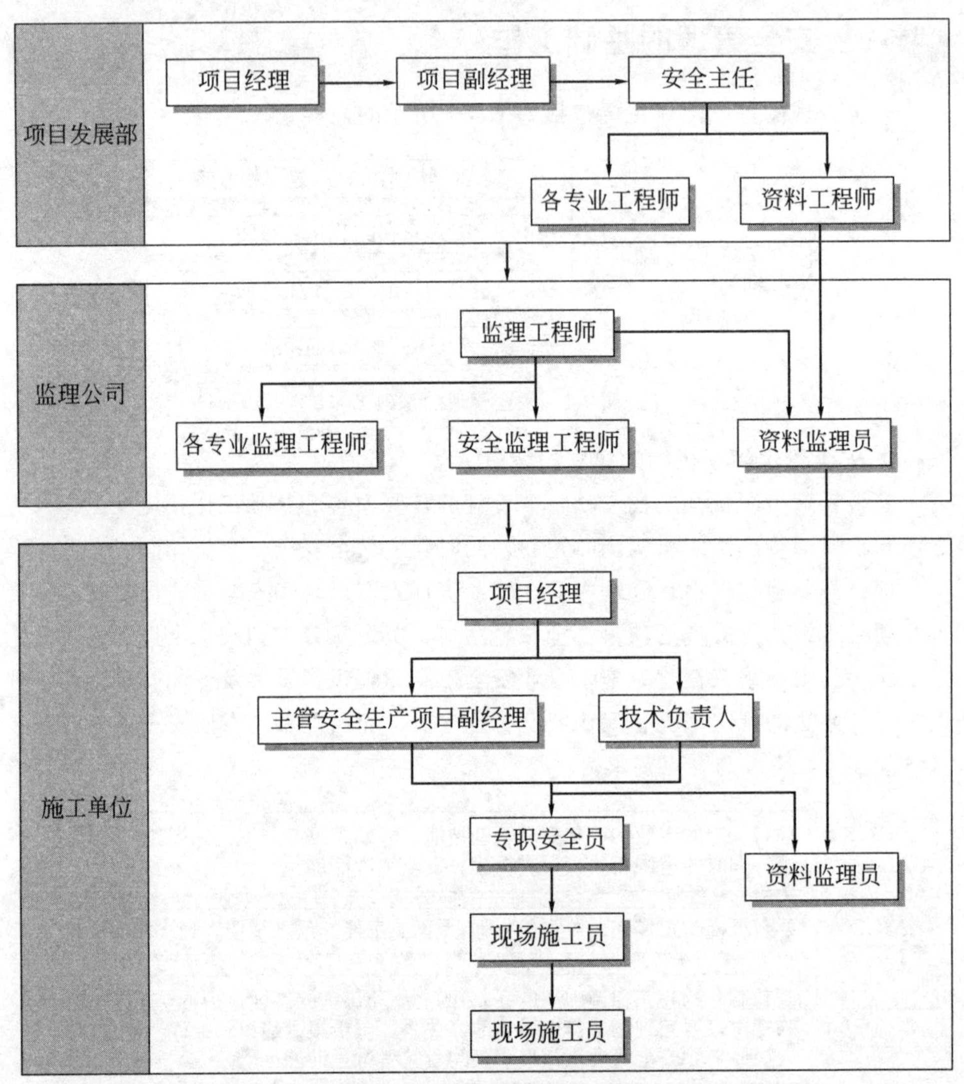

项目三级安全管理组织架构模型

员在施工过程当中应当承担的责任做出明确的规定。

为了真正落实好安全生产责任制，对各级各类人员及部门在安全工作中的责、权、利必须明确界定，必须根据项目管理人员的岗位职责制定，并逐层落实签订《安全生产责任书》，做到“谁主管，谁负责；谁在岗，谁负责”，并按要求追究相关责任。

2. 安全管理制度的制定和落实

项目部还应根据现场实际情况制定各项相应的管理制度，以便做到安全管理有理有据，尽量避免出现“个人意志化”管理。

安全管理制度包括安全教育培训制度、安全考核制度、安全生产技术交底制度、班前讲话制度、安全生产检查制度、大型设备设施等验收制度等。

3. 安全管理资料的收集和整理

安全管理资料的收集与整理是安全管理工作的一项重要内容，是安全事故调查和处理的重要依据，一定要认真对待，安全管理过程中形成的所有资料都应该及时收集、整理、归档。

4. 安全专项资金的落实和使用

建设单位有责任对施工总承包单位安全资金的使用和安全物资的采购进行监督和检查，确保总承包单位安全资金不被挪用，采购的安全物资合格有效。

二、安全管理的日常工作

安全管理的日常工作侧重于对施工现场的日常检查和巡视。作为建设单位可以充分发挥和挖掘监理单位在安全管理中的作用，严格落实安全管理的各项制度，及时制止和处置施工现场的违章指挥和违章作业，及时消除施工现场的安全隐患。

安全管理工作要强调落实，要将总承包施工单位建立的各项安全管理制度落到实处，对安全检查和巡视中发现的安全隐患要落实整改责任人、整改措施及整改完成时间，整改完成后要进行复查。

安全管理的日常工作要注意发挥总承包单位的执行力，充分调动总承包单位在安全管理工作中的积极性和主动性，唯有如此，才能真正将施工现场的安全管理工作落到实处。

三、安全管理的重点工作

安全管理的重点工作是指对那些施工危险性较大，容易出现安全事故或一旦出现安全事故，则后果比较严重的工序、部位、设备等进行重点关注。

比如，深基坑支护、高大外脚手架、卸料平台、塔吊机械等。对这些工序、部位或设备安装等要严格按程序执行，在施工前应编制专项施工方案，有必要的邀请专家进行论证，加强施工或安装过程中的监督检查，安装完成要经验收合格后才能投入使用，使用中建立有针对性的日常观测制度等一系列措施对这些部位、工序等进行持续关注。

另外，还应根据施工进度进展情况及季节性因素等及时调整安全管理工作的重点内容，以避免施工现场出现严重安全事故。

第二节 安全管理制度化

要做好施工项目的安全管理，首先要建立起完善的安全管理体系。工程施工现场安全生产管理体系是施工企业和施工现场整个管理体系的一个组成部分，包括为制定、实施、审核和保持“安全第一，预防为主”方针和安全管理目标所需的组织结构、计划活动、职责、程序、过程和资源。

一、编制安全生产技术措施制度

除施工组织设计对安全生产有原则要求外，凡重大分项工程的施工分别由施工队、项目经理部编制安全生产技术措施，措施要有针对性。施工队、专业承包队编制的安全生产措施由项目总工程师审批，项目部编制的安全生产措施由企业总工程师审批。

下面提供一份××房地产企业夏季施工安全措施制度的范本，供读者参考。

【实战范本】××房地产企业夏季施工安全措施

××房地产企业夏季施工安全措施

一、采取多种形式，对职工进行防暑降温知识的宣传教育，使职工知道中暑症状，学会对中暑病人采取应急措施。

二、合理调整作息时间，避开中午高温时间工作，严格控制工人加班加点，高处作业工人的工作时间要适当缩短，保证工人有充足的休息和睡眠时间。

三、对容器内各高温条件下的作业场所，要采取措施，搞好通风和降温。

四、高温、高处作业的工人需经常进行健康检查，发现有作业禁忌症者应及时调离高温和高处作业岗位。

五、对露天作业集中和固定场所，搭设凉棚防止中暑，并要经常洒水降温。

六、要及时供应合乎卫生要求的茶水、清凉含盐饮料、绿豆汤等。

七、要经常组织医护人员深入工地进行巡回医疗和预防工作，重视年老体弱、患过中暑症和血压高的工人身体情况的变化。

八、及时给职工发放防暑降温的急救品和劳动保护用品。

二、安全技术交底制度

由项目总工程师向项目技术负责人或技术员交底，技术负责人向施工队各专业施工员交底，施工队各专业施工员向班组长及工人交底。交底要有文字资料，内容要求全面、具体、针对性要强。交底人、接受人均应在交底资料上签字，并注明交底日期。

下面提供一份××房地产企业技术交底管理制度的范本，供读者参考。

【实战范本】××房地产企业技术交底管理制度

××房地产企业技术交底管理制度

第一章　总　　则

第1条　目的

为了科学地组织施工，按合理的工序、工艺流程进行作业，避免发生指导和操作的错误，在正式施工之前，为使工程管理部更好地对参与施工的有关施工单位管理人员、技术人员及施工工人交代工程情况和技术要求，特制定本制度。

第2条　职责

1. 部门职责

(1) 项目经理部负责技术交底的组织工作。

(2) 工程管理部负责具体的技术交底工作。

(3) 设计管理部、合同预算部等相关部门负责技术交底的支持工作。

2. 人员职责

(1) 项目施工组织总设计交底应由总工程师主持。

(2) 单位工程施工组织设计交底应由项目技术负责人（主任工程师）主持。

(3) 分部、分项工程施工方案应由单位工程技术负责人主持。

(4) 施工工序的交底由单位工程负责人（工长）实施，主要在下达施工任务时进行。

第二章　技术交底的范围与要求

第3条　技术交底的要求

技术交底必须满足施工合同条款、施工规范标准、工艺标准及操作规程。

第4条　技术交底的范围

包括整个工程施工、各分项工程、特殊和隐蔽工程、易发生质量事故和安全事故的工程部位和工序。

第三章　技术交底的形式

第5条　会议交底

即交底人事先写好交底材料，然后召开会议进行交底。

第6条　书面交底

一般单位工程负责人向班组长及工人进行技术交底时强调书面交底，即单位工程负责人按照规范标准和工艺规程的有关规定、质量标准及安全要求，结合工程的具体情况，写出书面技术交底材料交予施工班组。

第 7 条　样板交底

先按设计图的技术要求和具体做法，在一个自然间或一个部位，由技术水平高的工人做出样板，然后对照样板向施工班组交底。交底的重点是交操作要领、质量标准和检验方法。

第 8 条　岗位交底

岗位交底也称工序交底，是为了保证某工序上的不同岗位的操作质量而进行的交底。其具体做法是采用工人操作岗位责任制或制定操作岗位工艺卡等措施。

第四章　技术交底的内容

第 9 条　图样交底

目的是使施工人员了解设计意图、建筑和结构的主要特点、重要部位的构造和要求等，以便掌握设计关键，做到按图施工。

第 10 条　施工组织设计交底

要向施工人员交代施工组织设计的全部内容，以便其掌握工程特点、施工部署、任务划分、进度要求、主要工种的相互配合、施工方法、主要机械设备及各项管理措施等。

第 11 条　设计变更交底

要将设计变更的部位向施工人员交代清楚，讲明变更的原因，以免施工时发生遗漏。

第 12 条　分项工程技术交底

(1) 主要是对施工工艺、规范和规程的要求、材料的使用、质量标准及技术安全措施等进行交底。对新技术、新材料、新结构、新工艺和关键部位以及特殊要求，要着重交代，以使施工人员把握住重点。

(2) 技术交底可分级、分阶段进行。各级交底除口头和文字交底外，必要时要用图表、样板、示范操作等方法进行。

第 13 条　施工项目技术负责人向下级技术负责人交底

包括工程概况、工程特点及设计意图、施工方案、施工准备要求以及施工注意事项，其中包括地基处理、主体施工和装饰施工的注意事项、项目目标控制的要求等。

第 14 条　施工项目技术负责人对工长、班组长进行技术交底

按工程分部、分项进行交底，内容如下。

(1) 设计图纸的具体要求。

(2) 施工方案实施的具体技术措施及施工方法。

(3) 土建及其他专业交叉作业的协作关系及注意事项。

(4) 各工种之间协作与工序交接质量检查。

(5) 设计要求。

(6) 规范、规程、工艺标准。

(7) 施工质量标准及检验方法。

(8) 隐蔽工程记录、验收时间及标准。

(9) 成品保护项目、办法与制度、施工安全技术措施。

三、特殊工种职工实行持证上岗制度

对电工、电气焊工、起重吊装工、机械操作工、架子工等特殊工种实行持证上岗，无证者不得从事上述工种的作业。

下面提供一份××房地产企业安全教育培训制度的范本，供读者参考。

【实战范本】××房地产企业安全教育培训制度

××房地产企业安全教育培训制度

安全教育是提高全员安全意识、安全素质的保证，必须认真抓好。

(1) 新工人必须经过三级安全教育（公司、项目部、班组），并必须经考试合格、登记入卡方可参加施工。

(2) 工人变换工种，须进行新工种的安全技术教育并记录入卡方可参加施工。

(3) 三级教育的时间一般不能少于50小时（公司级不少于15小时，项目部不少于15小时，班组级不少于20小时）。

(4) 特殊工种必须经过安全培训，考试合格后持证上岗作业。

(5) 定期轮训各级领导干部和安全管理人员，每年至少一至二次，不断提高安全意识、技术素质，提高政策业务水平。

(6) 安全教育内容是安全生产思想教育，从加强思想路线方针、政策和劳动纪律两个方面进行；安全知识教育主要从企业的基本生产概况、施工工艺方法、危险区、危险部位及各类不安全因素和有关安全生产防护的基本知识入手；安全技能教育，就是结合各种专业特点，实施安全操作、规范操作的技能培训，使其熟悉掌握本工种安全操作技术；事故教育、法制教育，事故教育可以使其从事故教训中吸取有益的东西，可预防类似事故的发生，法制教育可以激发人们自觉地遵纪守法，杜绝各类违章指挥、违章作业行为，这类教育可以定期或不定期地进行实施。

在开展教育活动中，必须结合先进的典型事例进行正面教育，以利取长补短，保障安全生产。

安全教育要求体现“六性”，即全员性、全面性、针对性、成效性、发展性、经常性。

(7) 要开展好主管部门及本公司布置的各项安全生产活动，如“百日安全生产活动”“安全月”“安全周”等竞赛活动，使安全生产警钟长鸣，防患于未然。同时还可以根据施工生产的特点实施好“五抓”的安全教育，即工程突击赶任务时、工程接近收尾时、施工条件不好时、季节气候变化时、节假日前后时这五个环节必须抓紧教育。

(8) 教育培训形式。安全教育、培训可以根据各自的特点，采取多种形式进行，如设培训班、上安全课、安全知识讲座、报告会、智力竞赛、图片展、书画剪贴、电视片、黑板报、墙报、简报、通报、广播等使教育培训形象生动。

四、安全检查制度

项目部每半月、施工队每十天定期进行安全检查，平时进行不定期检查，每次检查都要有记录，对查出的事故隐患要限期整改。对未按要求整改的要给单位或当事人以经济处罚，直至停工整顿。

下面提供一份××房地产企业安全检查制度的范本，供读者参考。

【实战范本】××房地产企业安全检查制度

××房地产企业安全检查制度

一、公司在全系统实行逐级安全检查制度

各事业部、城市公司、专业公司必须建立和落实本单位安全检查制度，通过安全检查，促进安全管理制度的贯彻落实，识别和发现不安全因素，揭示和消除安全事故隐患，预防安全事故的发生。

(1) 集团安委办每年组织一次安全生产专项检查，并结合其他管理工作对所属各单位进行安全管理随机巡检。

(2) 各事业部、城市公司、专业公司应每季度至少进行一次覆盖本单位所有业务单元的安全生产专项检查，对本部所在城市的项目及重点项目实施月度巡检制度。

(3) 项目部安全检查应至少每周一次，对重要生产设施和重点部位加大巡检周期密度；各单位和项目部应根据施工期间季节气候变化，及时增加防洪、防风、防冻、防煤气中毒等季节性安全检查，还应特别注意做好重大节假日前后的安全检查。

二、安全检查主要内容

(1) 查思想、查意识。单位负责人对安全生产的认识、态度，是否把安全工作列入重要议事日程；员工是否牢固树立了“安全第一、预防为主、综合治理”的思想，当生产、效益与安全发生矛盾时，是否把安全放在第一位。

(2) 查管理、查制度。是否建立、健全安全责任制；是否建立并完善安全组织保障体系和制度流程体系；安全管理目标是否明确并有效分解；安全责任制和各项规章制度是否严格落实；安全生产管理状况是否受控，各项安全工作能否有效开展；安全管理的查错、纠错机制建立及运行情况。

(3) 查隐患，查重要设备、设施。深入施工现场和作业场所，查管理上的漏洞、人的不安全行为和物的不安全状态，对重要设备、设施运行及维护进行重点检查和关注。

三、安全检查要求

(1) 安全检查要做好检查台账，将每次检查的情况、整改的情况详细记录在案。

(2) 凡在安全检查中发现的安全隐患由检查组织者签发安全隐患整改通知单，监督落实整改方案并进行复查，重大隐患必须在规定期限内完成整改销项。

(3) 对检查发现的重大安全隐患有可能立即导致人员伤亡或财产损失时，安全检查人员有权责令立即停工，待整改验收后方可恢复施工。

(4) 被检查单位应根据检查的结果，对存在的问题进行分析研究，提出整改的措施和要求，并与目标管理、责任制考核及奖罚等相结合。

五、安全验收制度

安全验收主要是指对安全防护设施、临时设施和设备等，依照国家、地区、行业有关规定和规程进行的验收，确保设施、设备的安全、稳定、可靠。验收范围包括脚手架、安全网、卸料平台、临电设施、塔吊、外用电梯等。安全设施、设备等未经验收，不得投入使用。

六、安全生产责任制度

工程实行项目“两制”，任命项目经理时，项目经理与企业签订“安全生产责任书”，劳务队与项目部签订“安全生产合同”；工程开工时，操作工人与劳务队签订“安全生产合同”并订立“安全生产誓约”，用“合同”和“誓约”来强化各级领导和全体员工的安全责任及安全意识，加强自身安全保护意识。

下面提供一份××房地产企业项目部安全生产责任制的范本，供读者参考。

【实战范本】××房地产企业项目部安全生产责任制

××房地产企业项目部安全生产责任制

项目经理安全生产责任制

(1) 项目经理是本项目安全生产第一责任者，负责整个项目的安全生产工作，认真贯彻国家安全生产方针、政策和法规。

(2) 做到一事一交底，事事指派专人负责，不违章指挥，认真履行分部分项安全交底制度，随时随地检查纠正和处理违章作业人员，根据不同情节给予批评教育或实施经济罚款。

(3) 组织每周星期一工程例会，总结上周安全工作，提出本周安全要求或传达上级有关安全文件会议精神，做好记录。

(4) 每周组织有关人员对施工现场进行一次安全自检，对检查出的隐患问题定人员、定时间、定措施整改落实，并做好记录。

(5) 负责组织落实所管辖施工队伍的安全教育、培训和持证上岗的管理工作，并做好记录。

(6) 发生人身伤亡和未遂事故时，立即停止施工，保护现场和向上级报告，接受检查和配合查清事故原因和责任，提出整改措施，经上级主管部门验收合格后方准恢复施工，不得擅自撤除现场保护，强行复工。

(7) 按建设部检查标准，组织项目部人员认真落实安全生产责任制。制定项目部安全管理目标，对安全责任目标进行分解，落实到人，并定期考核。

(8) 负责组织对现场使用的脚手架和机械设备等的安全防护设施的检查验收，不合格者不能使用，并经常检查其安全使用运行状况，随时解决存在的问题。

项目部副经理安全生产责任制

(1) 认真贯彻“安全第一，预防为主”的方针，切实落实安全生产各项规章制度和措施，协助项目经理抓好安全生产工作。

(2) 要积极参加安全生产工作会议，并对安全工作提出合理化建议，协助项目经理组织好安全生产活动和安全检查。

(3) 在值班期间要及时上岗，不脱岗，并对自己当班时发现的问题做好记录，及时上报，并提出解决问题的办法妥善解决问题。

(4) 在工作中要做到认真负责，大胆管理，带头并督促使用好个人防护用品，不违章指挥，随时纠正违章作业。

(5) 协助项目经理做好安全生产的宣传、教育和管理工作，及时总结推广安全管理的先进经验和具体措施，确保安全工作的顺利进行。

(6) 对上级有关部门提出的隐患和不安全因素应及时督促有关人员整改。

(7) 对冒险蛮干和违章作业者应及时制止和教育。

项目部安监专责安全生产责任制

(1) 认真贯彻国家有关安全生产方针、政策、法令，以及上级有关规章制度、指示和精神，坚持原则，尽职尽责。

(2) 协助项目经理开展各项安全生产工作，定时向项目经理汇报本项目安全生产情况。

(3) 督促项目部领导，组织职工学习安全技术操作规程和定期进行安全思想教育。

(4) 行使安全生产监督检查权，负责日常安全监督检查工作，随时随地督促有关人员解决不安全问题和制止违章指挥、冒险作业行为。遇重大险情或事故隐患，有权责令停工，立即采取妥善措施或上报处理。

(5) 负责监督检查施工单位是否对新工人进行三级安全生产教育，及特种作业人员的培训、考核、持证作业情况的监督检查。

(6) 负责工伤事故的统计上报工作，参加伤亡事故的调查处理。

(7) 作好本项目安全生产资料的管理以及其他安全档案工作。

项目部工程专责安全生产责任制

(1) 认真贯彻执行国家、行业、地方、企业有关安全技术规程和标准。

(2) 负责审核本项目总体施工方案（施工组织设计）及专项技术施工安全，如脚手架、施工用电、基坑支护、模板工程、起重吊装及垂直运输设备等，都要按公司下发的《现场安全文明施工（暂行）标准》进行审核。

(3) 积极配合施工员、安全员做好现场安全防护、内部管理等工作。

(4) 负责对隐患、伤亡事故、已未遂事故进行技术分析和鉴定，并提出技术方面的改进措施，防止类似事故重复发生。

电气工程师安全生产责任制

(1) 牢记“安全生产，人人有责”，树立“安全第一，预防为主”的思想，不酒后作业，积极参加安全生产活动，接受安全教育。

(2) 认真学习电气安全技术操作规程，做到应知应会。熟知安全知识，按规定组装电气设备，不违章作业，不冒险蛮干，拒绝违章指挥。

(3) 要坚持每日巡回检查制度，对漏电保护装置、电气设备，尤其是移动和手持电动工具、照明灯、拖地电缆线，定时进行全面检查，排除不安全因素，经验收符合安全要求后方可交付使用，并对电气设备进行定期维修保养。

(4) 正确使用防护用品，做到衣着整齐，穿好绝缘鞋，戴好安全帽，整装上岗，在危险处作业系好安全带。

(5) 要严格执行安全技术施工方案和安全技术交底，不得任意变更、拆除安全防护设施。

(6) 对各级检查提出的隐患，按要求及时整改。

(7) 实行文明施工，不得从高处抛掷物品；对流动式电线及时回收，妥善保管，线路辐射规范，配电箱、开关箱及时上锁，用电标志明显。

(8) 发生事故和未遂事故立即向班组长报告，参加事故分析，吸取事故教训，积极提出防止事故发生、改善劳动条件的合理化建议。

安全员岗位责任制

(1) 执行安全规章制度，做好施工人员的安全防范意识、安全技术知识、安全标识、安全规章制度以及安全用电，和防物击、防坠落、防中毒、防火的教育工作，负责新工人的安全知识培训，合格后方能上岗。

(2) 按照施工组织设计方案，落实安全技术措施，负责安全技术交底。

(3) 督促施工人员坚持正确使用“三宝”。

(4) 经常检查施工现场搭设的脚手架、“四口”防护、用电机械设备及防护装置的安全情况，所有防护装置须经验收合格后方可使用。

(5) 坚持“安全第一”的严责，若生产和安全发生矛盾，应服从安全，不违章指挥，并监督工人按章作业。

(6) 发生安全事故，要立即保护现场，及时上报，并积极参加调查和处理。重伤或死亡事故必须在一小时内电告公司。

(7) 严格检查各项工序的技术交底工作。

(8) 完成领导交办的其他工作。

七、事故处理制度

发生安全事故，必须严格查处，做到事故原因不明、责任不清、责任者未受到教育、没有预防措施或措施不力不得放过。

下面提供一份××房地产企业事故处理制度的范本，供读者参考。

【实战范本】××房地产企业事故处理制度

××房地产企业事故处理制度

第一章　总　　则

第一条　为了加强对江苏××房地产有限公司管理工作的统一领导、综合协调和监督检查，保证出现的事故得到及时处理，使公司的损失降到最低化。

第二条　本办法适用于××公司总经办对公司范围内事故的处理。

第二章　细　　则

第三条　信息来源

(1) 事故发生部门或分公司所在地点的重要举报。

(2) 有关部门重大事故通报。

(3) 媒体披露。

(4) 消费者举报。

(5) 领导批办。

(6) 客户直接到公司或者工地闹事。

(7) 其他来源。

第四条　建立报告、通报、举报登记制度

1. 一般不紧急事故报告、通报、举报登记制度

对一般不紧急事故信息要按统一格式详细记录，由举报人二天内直接提交到江苏××房地产发展有限公司总经办人员，总经办人员根据性质、情节、危害范围及程度，采取相应处理措施。

2. 一般紧急事故报告、通报、举报登记制度

对一般紧急事故信息，举报人十分钟内立即打电话给江苏××房地产发展有限公司总经办人员，再由举报人员按统一格式详细记录，由举报人直接提交到总经办人员，总经办人员根据性质、情节、危害范围及程度，采取相应处理措施。

3. 重要不紧急事故报告、通报、举报登记制度

对重要不紧急事故信息，举报人要按统一格式详细记录，由举报人一天内直接提交到江苏××房地产发展有限公司总经办主任，总经办根据性质、情节、危害范围及程度，采取相应处理措施，做到件件落实。

4. 重要紧急事故报告、通报、举报登记制度

对重要紧急事故信息，举报人五分钟内立即打电话给江苏××房地产发展有限公司总经办主任，总经办主任在五分钟内向公司董事长汇报，再由举报人员按统一格式详细记录，由举报人直接提交到总经办主任，总经办主任根据性质、情节、危害范围及程度，详细汇报给董事长并组织相关人员进行处理。

5. 非常重要紧急事故报告、通报、举报登记制度

对非常重要紧急事故信息，举报人三分钟内立即打电话给董事长，并且立即打电话给总经办主任，再由举报人员按统一格式详细记录，由举报人直接提交到董事长或总经办主任，总经办主任根据性质、情节、危害范围及程度，详细汇报给董事会并组织相关人员进行处理。

第五条　组织查办

1. 一般不紧急事故组织查办程序

对一般不紧急事故信息，总经办员工接到报告、通报或举报之后，着手调查和核实，总经办员工在三天内调查核实完毕，并且形成书面的报告向总经办主任汇报。

2. 一般紧急事故组织查办程序

对一般紧急事故信息，总经办员工接到报告、通报或举报之后，立即着手调查和核实，总经办员工在一天内调查核实完毕，并且形成书面的报告向总经办主任汇报。

3. 重要不紧急事故组织查办程序

对重要不紧急事故信息，总经办主任接到报告、通报或举报之后，总经办主任当日内组织召开会议，在当天内调查核实完毕，并且形成书面的报告向董事长汇报，并要求总经办随时上报有关查办信息，必要时要求日报。

4. 重要紧急事故组织查办程序

对重要紧急事故信息，总经办主任接到报告、通报或举报之后，在市区主要街道，总经办人员 10 分钟内赶到现场；市政及道路行车不方便市区，总经办人员 15 分钟内赶到现场。总经办主任当日内组织召开会议，在当天内调查核实完毕，并且形成书面的报告向董事长汇报，并要求总经办随时上报有关查办信息，必要时要求日报。

5. 非常重要紧急事故组织查办程序

对非常重要紧急事故，接到举报之后，在市区主要街道，总经办主任 10 分钟内赶到现场；市政及道路行车不方便市区，总经办主任 15 分钟内赶到现场。对于发生重大人员伤亡事故，公司派总裁助理以上人员 30 分钟内赶到现场进行处理。公司于 1 小时内召开董事会商讨处理方案。

第六条　事故处理结果的通报

1. 对于事故问题结果处理通报

对于涉及对本公司人员责任划分的重要处理结果，由总经办提交至董事长，由董事长直接作出处理结果，再由总经办或人资部根据事宜是否需要保密，作出是否向公司内部通报的决定。

对于涉及对本公司人员责任划分的一般处理结果，由总经办或人资部直接作出处理结果，再由总经办或人资部根据事宜是否需要保密，作出是否向公司内部通报的决定。

2. 对于参与处理事故人员的奖惩结果通报

对于参与处理事故的人员由于个人的原因导致事故的恶化，由总经办和人资部提出处理方案，提至董事长作出处理决定，再由总经办和人资部共同给予执行。

第三章　附　　则

第七条　本条例由集团公司总经办负责解释。

第八条　本条例自发布之日起正式执行。

八、安全管理兼容文明施工的原则

安全管理严格，就必须要求施工人员严格遵循文明施工；文明施工搞好了，现场整洁清爽，减少了安全事故隐患的存在，也提高了安全管理水平。现场文明施工要重点从场容管理、施工人员着装形象、现场机械、现场生活卫生管理入手，并结合现场CI策划，围绕总体目标，分为规划、实施和检查验收监督三部分进行。

下面提供一份××房地产企业工程安全文明施工管理办法的范本，供读者参考。

【实战范本】××房地产企业工程安全文明施工管理办法

××房地产企业工程安全文明施工管理办法

为加强标准化现场管理，提高公司施工现场各项目部的管理水平，提升公司的自身形象，打造公司的品牌力度，迎合市场的需要，本着建设标准规范化的安全施工环境为目的。以国家和地方现有的有关法律、法规、技术规范和标准为依据，结合公司的标准要求，特制定安全文明管理施工方案。

一、安全生产制度

(1) 各单位必须建立健全施工现场的管理机构、规章制度，由各公司工程部及现场监理对其进行检查。

落实安全文明施工管理责任制人员组成如下。

组长：项目经理

副组长：项目技术负责人

组员：安全员、施工员、各班组长

(2) 落实总包单位安全文明施工管理责任制，使其在施工过程中履行自己的责任和义务。项目经理是安全第一责任人，负责安全生产的直接责任。项目部必须按照现场施工环境，配备具有经验的相应安全员人数，并定期由甲方或监理单位对其进行考核。

(3) 制定严格的安全技术操作规程，由项目部安全员和富有经验的施工管理人员对各班组人员定期进行安全技术上的教育培训。

二、安全管理目标

工亡事故为零，无重伤，千人负伤率≤0.3‰；杜绝重大火灾和机械伤亡事故；职业发病率为零；防止环境污染（噪声、尘毒、三废）达标率100%；特种作业人员持证上岗率100%；对新开工项目的施工人员进行安全三级教育培训工作达到100%；对新开工的施工劳动人员意外伤害保险办理达到100%。

三、施工组织设计

(1) 总包单位一定在开工前制定好施工组织设计，且要通过甲方或监理方审批，保证施工现场安全生产。

(2) 对一些专业性强、难度大的施工项目，单独编制专项安全施工组织设计，并呈报上级部门进行审批，未经审批的项目，不准施工。杜绝盲目的没有任何安全措施方案的施工。

——预防高处坠落和物体打击事故：严格监督进入现场人员必须佩带安全帽，高空作业人员必须佩带安全带；在四口处（楼梯口、预留洞口、电梯井口、通道口）必须安装防护措施；保证高空作业的脚手架、平台、斜道、跳板等设施的坚固和稳定；严禁高空作业人员从高处抛投任何物料。

——预防坍塌事故：做好边坡或边坡支护工作，并做好周围的排水；脚手架的搭接应经过计算，做到科学合理，所用材料必须牢固；大型模板必须设垫木和拉杆，用插放架必须绑扎牢固及保持稳定；大型吊装构件在吊装摘钩前必须就位焊接牢固。

——预防机械伤害事故：必须严格按操作规程和劳保规定进行操作，按规定佩带防护用具；各种起重设备，应根据需要配备安全限位装置、起重量控制器、连锁开关等安全装置；起重机指挥人员和司机应严格遵守操作规程规定，不得违章作业；所有机械设备、起重机机具都要经常检查、保养和维修，保证其灵敏可靠。

(3) 预防触电事故。健全用电管理制度，制定电气设施的安装标准、运行管理、定期检查制度，应编制临时用电施工组织设计，而且必须适合施工用电规范。根据施工组织和施工方案，订出具体用电计划，选用合适的变压器；做好电器设备的防护措施，采用安全电压；各种用电设备必须符合“一机一漏一闸一开一箱”的原则。设置电气技术专业安全监督检查员，经常检查施工现场和车间的电气设备，及时排除隐患；有计划有组织地培训各类电工、电器设备操作工、电焊工和经常与电气接触人员，学习安全用电知识和用电管理规程，严禁无证人员从事电气作业。

(4) 预防中毒、中暑事故和职业性疾病。对施工中使用具有毒性的材料，要严加保管，限量使用，并做好防毒措施。严格遵守操作规程，对高温和夏季露天作业人员，要采取降温、通风和其他有效措施。项目部办理的食堂必须有卫生许可证而且要达到疾控中心检查的标准。搅拌机应采取密封及排尘、除尘等措施，以减少水泥粉末的浓度，使其达到国家要求的标准；提高机械设备的精密度，并采取消声措施。

四、分部（分项）工程安全技术交底

（1）由项目部专职安全员和富有工作经验的工程专业人员，组织各班组人员对其进行各工种的安全技术交底。对一些特殊工种（电工、电焊工、吊装工、气焊工、架工），除具有上岗证外，还应对他们进行安全技术方面的培训。

（2）在安全技术交底的过程中，要针对性强、全面，并且在交完底后让各施工人员签字，留做文字形式工地存档。

五、安全检查

（1）坚持定期召开安全会议，公司每月、项目部每周进行一次制度性安全大检查。项目部安全人员每天对施工现场进行巡检，记录下各班组的施工工艺和不安全因素，提出整改意见，督促项目进行整改。

（2）对发现有重大隐患的立即下发整改通知书。检查重点围绕高空作业、机械动力等方面进行，防止发生高处坠落、触电、机械伤人等事故，检查中发现问题和隐患，必须立即整改，确保安全施工，并完善书面签字，在安全问题上做到“令行禁止”。

六、安全教育

项目部应建立安全教育制度，在开工前对进入现场的每一个工人进行“三级安全教育”的培训，让工人能够充分了解安全教育的内容，使其在思想上认识到这是关系到自己生命安全的大事。将接受安全教育签字的人员名单收集起来，工地存档。

七、工伤事故处理

（1）项目部每天对项目施工中受伤人员进行统计，建立工伤事故档案，并在当日25日前将情况上报给公司安全部门。

（2）对工伤事故产生的原因进行调查分析，追究主要负责人的责任。实施“四不放过”的原则（无三级安全教育、无防范措施、事故原因不清楚、责任追查不彻底），杜绝以后有类似状况的发生。

八、施工现场文明施工的要求

（1）推行现代化管理方法，科学组织施工，贯彻文明施工的要求，结合工程项目实际，制定项目部安全生产文明检查制度、消防管理制度和文明施工保证措施，做好施工现场的各项管理。

(2) 认真贯彻宣传，执行国家安全生产文明施工法律、法规和强制性条文。

(3) 现场成立文明施工领导小组，由项目经理挂帅现场文明施工，并且制定一套适合本工程特点有关文明制度，使得项目管理人员必须明确“管施工必须管安全的原则”。

(4) 按照施工总平面图布置图设置各项临时设施，堆放大宗材料、成品、半成品和机具设备，不得侵占场内道路及安全防护等设施。

(5) 施工现场设置明显标牌，做到五牌一图齐全。标明工程项目名称、建设单位、施工单位、项目经理和施工现场总代表姓名，及开、竣工日期，和施工许可证批准文号等。施工单位负责施工现场标牌的保护工作。施工现场的主要管理人员在施工现场应佩戴证明身份的证卡。

(6) 施工现场用电线路、用电设施的安装和使用必须符合安装规范和安全操作规程，严禁任意拉线接电。施工现场必须设有保证施工安全要求的夜间照明，危险潮湿场所的照明以及手持照明灯具，必须采取符合安全要求的电压。

(7) 做好施工现场安全保卫工作，设置专职办公人员 24 小时值班，采取必要的防盗措施，在现场周边设立围护设施，非施工人员不得擅自进入。

(8) 食堂的卫生人员要到当地政府机关办理卫生许可证及相关的体检证件。将职工宿舍（食堂）、文明卫生纳入项目部的管理制度。

(9) 控制施工现场的各种粉尘、废气、废水、固体废弃物以及噪声、振动对环境的污染和危害，清理施工垃圾，使用封闭容器、袋装，严禁随意凌空抛撒造成扬尘，施工垃圾要及时清运，清理时，适量洒水减少扬尘。

(10) 混凝土输送泵、砂浆机在现场进行搅拌作业的，必须设置沉淀池，排放的废水要排入沉淀池内，经两次沉淀后，方可排入下水管道，未经处理的泛浆水，严禁直接排入排水设施。

(11) 所有现场人员都要加强精神文明建设，遵守职业道德，减少施工对周围环境的影响，由专人负责公共关系协调，听取有关方面提出的意见和建议，虚心接受检查和批评，并在可能的情况下加以整改，满足有关部门要求，使工程能顺利进行。

第三节　安全管理重点化

通常，安全事故发生的原因包括：人的不安全行为、物的不安全状态和管理缺陷。其中人的不安全行为和物的不安全状态作为施工过程中的客观主体是事故发生的直接原因，管理缺陷是事故的间接原因。安全管理工作就是要重点解决施工现场的主体因素，从人和物两个方面着手，消除事故产生的源头因素，有针对性地确定安全管理的重点内容，进行重点管理。

二、消除“人的不安全行为”

提高施工人员的自我安全防护能力，消除“人的不安全行为”。自我安全防护能力是指施工人员在施工现场对施工过程中出现的不安全因素的敏感、预见、控制和排除的能力。施工人员自我防护能力的大小主要取决于5个因素，具体如图4-3所示。

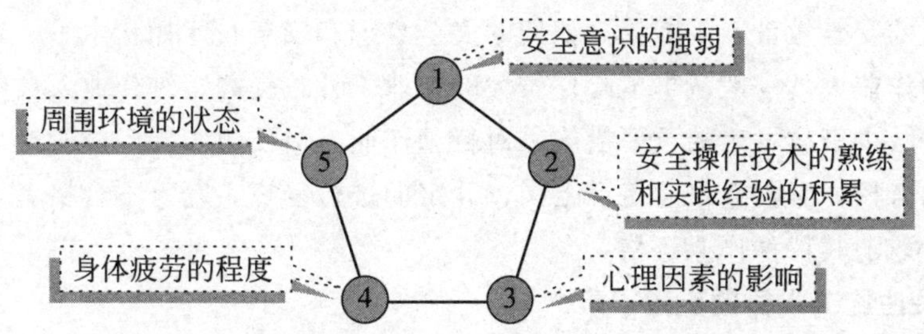

图4-3 施工人员自我防护能力大小的取决因素

因此，在对人的管理上，也要有针对性地从这5个方面进行着手，如图4-4所示。

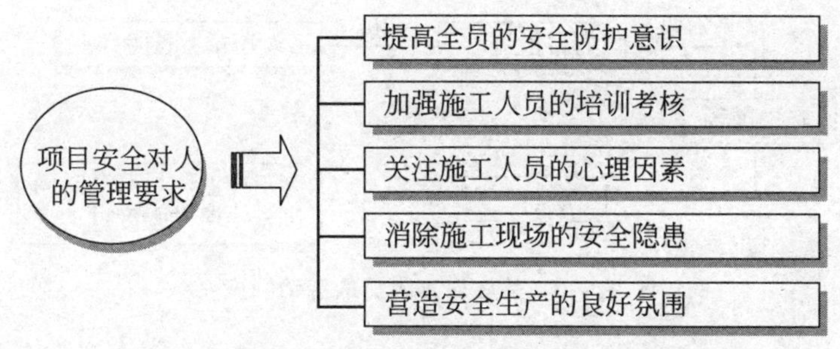

图4-4 项目安全对人的管理要求

1. 提高全员的安全防护意识

要提高全员的安全防护意识，包括施工管理人员的安全管理意识和施工操作人员的自我保护意识。意识支配行动，施工人员具有较高的安全意识，就会主动学习安全技术知识，自觉遵守安全规章制度，主观能动地控制不安全因素，达到自我保护的目的，具体如图4-5所示。

2. 加强施工人员的培训考核

对施工人员进行认真详细的培训和考核，尤其要加强特种作业人员的培训和施工管理人员作为现场生产的指挥者和管理者，他们对安全施工的认识水平、技术水平和管理水平的高低直接影响到施工人员自我防护能力的提高

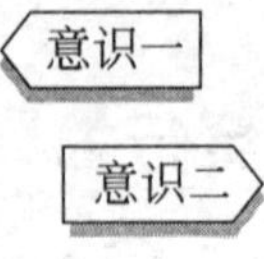

施工操作人员普遍由于素质较低，缺乏对安全施工的感性认识，安全意识普遍较差，提高施工工人的安全意识任重而道远

图 4-5　提高全员的安全防护意识

考核。对施工人员的培训包括工人入场安全教育、安全技术交底和施工工序的技术交底、班前讲话等各种手段，另外还可以通过农民工夜校等平台对工人进行系统、持续的安全教育，不断提高他们的安全意识和安全技术操作水平。

特种作业人员一般从事危险性较大的作业工种，提高特种作业人员的自我防护能力是减少事故发生的重要措施。对特种作业人员要组织专门的脱产培训，进行严格的考核，考核合格后持证上岗，并定期进行复审，复审不合格者，收缴其上岗证，取消其特种作业资格。

3. 关注施工人员的心理因素

密切关注施工人员的心理因素和劳动强度，加强对工人安全心理的研究和分析，有针对性地采取对策，增强操作人员的自我防护能力和操作人员之间互相保护的能力，避免因为工人心理因素影响或劳动强度过大的疲劳感出现不安全行为，降低事故发生的可能性。如图 4-6 所示。

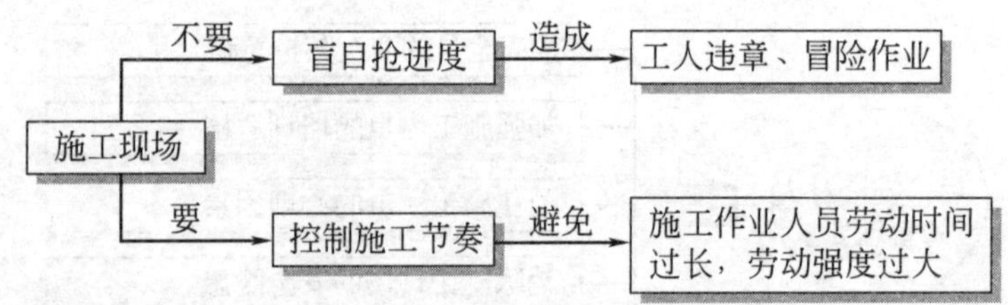

图 4-6　关注施工人员的劳动强度

4. 消除施工现场的安全隐患

建筑施工现场是一个动态复杂的工作现场，因此项目经理要严格施工现场管理，消除安全隐患。不论项目部对安全多重视，管理制度多严格，安全教育多完善，在日常的施工作业当中依然会存在许多安全隐患，所以安全检查在现场的安全管理工作中是必不可少的一个环节，具体措施如图 4-7 所示。

5. 营造安全生产的良好氛围

有关部门做过统计，得出的结论是：氛围与事故成反比。施工现场要搞好安全管理工作，也需要在平时抓好安全生产氛围的建设工作，既要通过安全培训、安全月等形式进行常规性的安全教育，又要充分发挥安全会议、黑板报、违章曝

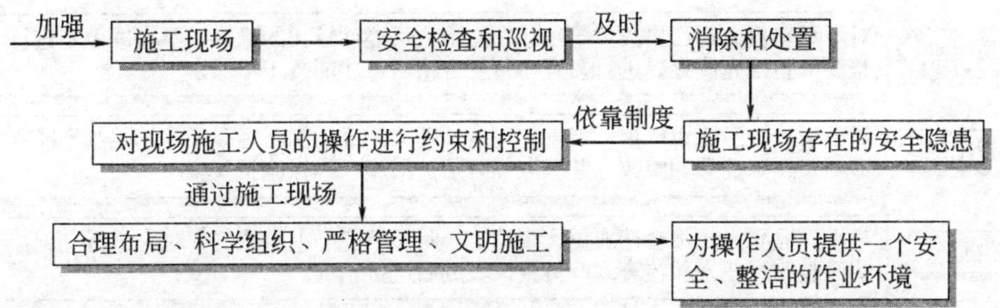

图 4-7 消除安全隐患的措施

光栏及警示牌等多种途径的作用，强化宣传效果，营造出“人人讲安全、事事讲安全、时时讲安全”的氛围，使现场的作业人员逐步实现从“要我安全”到“我要安全”的思想转变。

二、消除“物的不安全状态”

加强施工现场安全防护的检查和验收，消除“物的不安全状态”。作为建设单位应组织监理单位和施工总承包单位进行定期的安全检查、专项检查和季节性检查。检查的主要内容如图 4-8 所示。

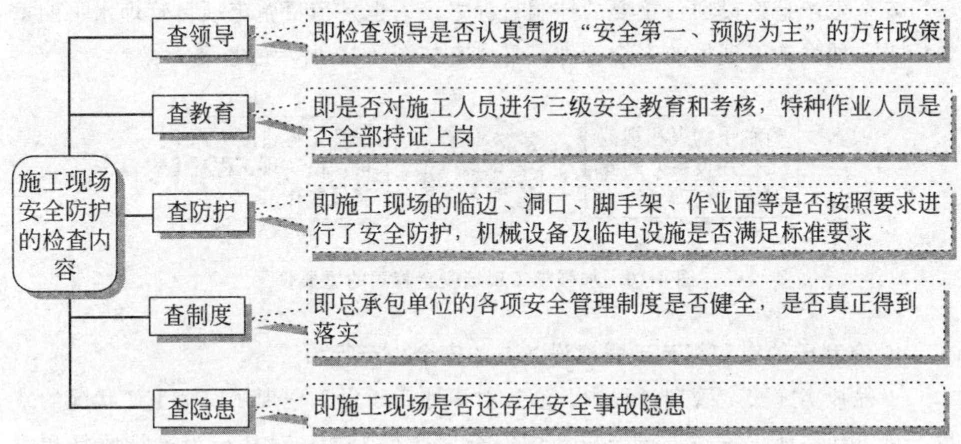

图 4-8 施工现场安全防护的检查内容

安全检查只是发现不安全因素的一种手段，采取措施认真整改落实，消除不安全因素，把事故消除在萌芽状态，实现安全施工才是目的。因此，在检查中要认真贯彻落实“边检查，边整改”的原则，对检查出的隐患，要定人、定措施、定标准、定完成日期，尽快完成整改。对在检查中发现的安全隐患可以根据隐患的严重程度和发生频率进行分类，并采取相应的处理措施，具体如图 4-9 所示。

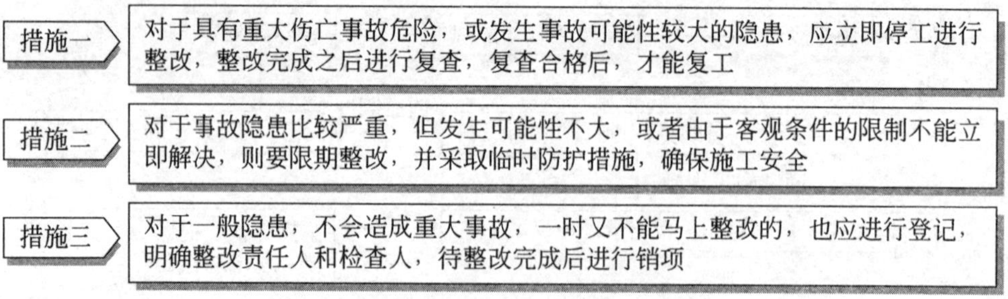

措施一
对于具有重大伤亡事故危险，或发生事故可能性较大的隐患，应立即停工进行整改，整改完成之后进行复查，复查合格后，才能复工
措施二
对于事故隐患比较严重，但发生可能性不大，或者由于客观条件的限制不能立即解决，则要限期整改，并采取临时防护措施，确保施工安全
措施三
对于一般隐患，不会造成重大事故，一时又不能马上整改的，也应进行登记，明确整改责任人和检查人，待整改完成后进行销项

图 4-9　安全隐患的分类及处理措施

第四节　安全管理现场化

施工现场的安全管理是实现安全施工的有效手段，只有按照施工现场安全管理的规定，抓好各项安全施工制度的落实，才能保证建设工程在一个安全的环境中顺利进行。

一、施工现场安全管理的重要性

安全生产是建设项目重要的控制目标之一，也是衡量施工项目管理水平的重要标志。加强施工现场的安全管理，具体有如图 4-10 所示的重要意义。

有利于约束和规范工程建设各方的安全生产行为
重要意义
保证工程进度、质量，以实现工程效益最大化

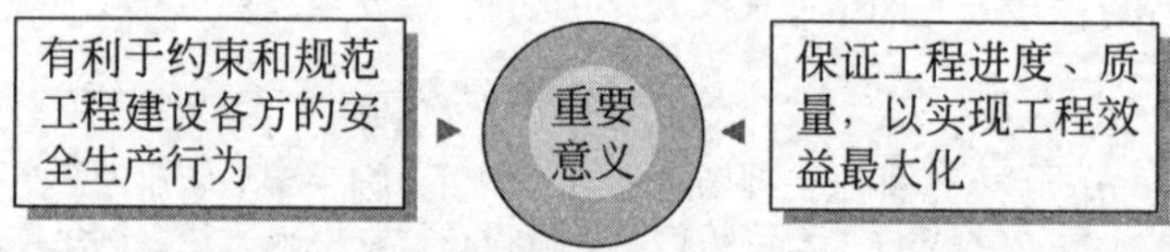

图 4-10　加强施工现场安全管理的重要性

1. 有利于约束和规范工程建设各方的安全生产行为

工程师实施安全管理过程中，通过对房地产建设工程现场安全生产状况的掌控，可以动态地了解施工承包单位的安全生产行为，并对其行为进行监督和指正，从而有效地规范施工单位的各种安全生产行为，及时制止和避免已经出现的不安全生产行为，最大限度地防止和减少不安全行为的严重后果。

此外，对建设单位，即工程业主，由于长期以来法律法规对工程安全责任都未涉及建设单位，导致建设单位的安全观念相对薄弱，管理单位作为建设单位委托，对工程进行监督管理，当建设单位有某些不安全行为时，管理工程师有义务向建设单位提出适当的建议，避免安全事故的发生。

2. 保证工程进度、质量以实现工程效益最大化

专职工程师是有丰富理论知识和管理经验的专家，实行工程安全管理制，由专职工程师负责施工现场的安全监督管理，既可以保证房地产建设工程的质量，又可以减少和防止工程安全事故的发生。在保证质量和安全的前提下，施工进度也必然能顺利开展，保证了工程进度计划的顺利实现。

二、施工现场安全管理存在的问题

施工现场多是室外露天高空作业，生产、生活条件艰苦，从业人员素质相对较低，且流动性大，属工伤事故多发行业。建筑施工的安全势态非常严峻，在安全管理中还存在不少问题需要解决，如图 4-11 所示。

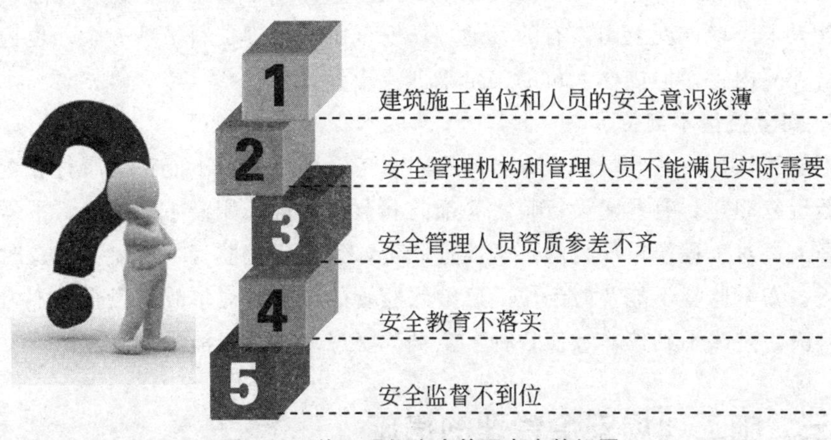

图 4-11　施工现场安全管理存在的问题

1. 建筑施工单位和人员的安全意识淡薄

有的建设单位和人员法律意识淡薄，安全行为不规范，不按法定建设程序办事，规避政府监管；有的建设单位不依法进行施工图审查、不依法招标和报建、不依法办理质量安全监督和施工许可手续；有的建设单位还违法将工程发包给不具备相应资质的企业甚至个人。这些现象都造成了建筑施工事故频发和重特大恶性事故的发生。

有的设计单位的安全行为不规范，有的设计单位挂靠的人员多，设计质量难以保证，违反强制性标准的现象屡见不鲜；施工图审查后随意迁就建设单位和施工单位，擅自变更，降低要求，从而埋下了安生事故的隐患。

2. 安全管理机构和管理人员不能满足实际需要

安全管理机构和人员被精简、合并，专职安全员远远不能满足工程的实际需要，很多安全员技术素质差，对安全管理略知皮毛，既无监督管理职能，又不能履行职责。

3. 安全管理人员资质参差不齐

建筑施工要求每个项目都由经过培训，具备相应资格的建造师主持，然而实际上工程项目部为了减少开支、降低成本，管理人员并不齐全，施工现场安全管理混乱，施工用电、封闭作业、临边防护大都不符合规范，没有形成制度，随意性很大，管理水平很低。

4. 安全教育不落实

安全教育培训滞后，建筑施工企业安全管理人员数量相对较少，综合素质较低，达不到工程管理的需要，使得安全管理工作薄弱。另外，建筑工地从业人员整体素质不高，大部分一线人员特别是农民工缺乏基本安全知识，其安全防范意识和操作技能低下，违章作业的现象严重，对农民工的安全培训比较滞后，导致大多数人未经培训就上岗。有的工地现场安全生产管理资料虽然齐全，也记录了教育培训等内容，但操作人员的安全培训流于形式。

5. 安全监督不到位

不能否认，一些监督执法人员的思想业务素质不高，不能正确履行职责，有的甚至玩忽职守。有些建设行政主管部门和监督机构不积极主动执法，不强化责任监督人员对工程建设项目的日常巡查职责，致使规避监管行为得不到及时发现和制止，安全监督不能及时到位。已纳入监管的项目，对事故隐患查处不力，措施不坚决、整改不到位，致使各种安全事故隐患无法及时消除。

三、施工现场安全管理的措施

施工现场是施工因素的集中点，也是建筑产品最终形成的场所。在施工生产中，必须坚持“安全第一、预防为主、综合治理”的方针，按照建筑施工安全管理的要求，采取各种行之有效的安全技术，做到标准化生产、高效生产、安全生产，以提高建筑施工安全管理水平，具体措施如图 4-12 所示。

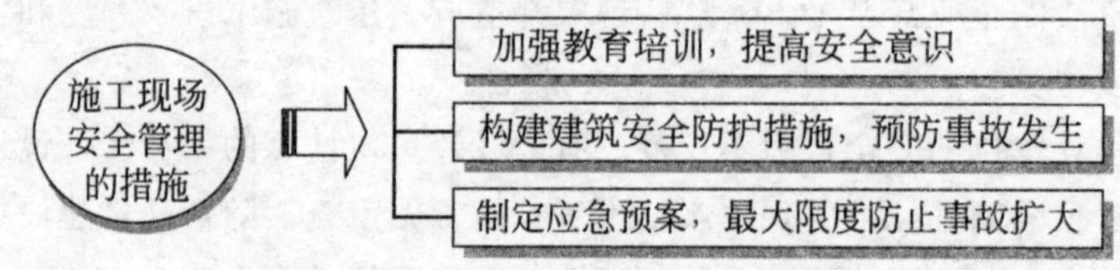

图 4-12　施工现场安全管理的措施

1. 加强教育培训来提高安全意识

人的不安全行为是建筑施工安全风险的三大因素之一，高处坠落、触电等建筑施工安全事故都与人的行为有关，人的不安全行为与一半以上建筑施工安全事故有关，而消除人的不安全行为重在教育培训，提高建筑从业人员的安全技能和安全意识，要重点抓好二个环节的安全生产教育，具体如图 4-13 所示。

环节一　抓好建筑施工特殊工种的安全技能教育

建筑施工特殊工种必须坚持教育、培训、考核和执证上岗的要求，坚持严格教育培训，考核不合格不发上岗证，无上岗证不得上岗，严格建筑特殊工种管理

环节二　加强岗前教育培训和安全技术交底

建筑从业人员上岗前应结合工程进度和安全管理实际，对有关安全技术事项向所有进行施工的现场人员进行安全技术交底和岗前教育，提高安全生产意识，认识安全生产新情况新问题，掌握注意事项，消除安全隐患

图 4-13　提高建筑从业人员安全技能和安全意识的重要环节

2. 构建建筑安全防护措施来预防事故发生

由于人容易受到心理、生理等条件的局限，提高安全生产意识并不能完全杜绝建筑施工安全事故，建筑安全防护措施也是预防事故的重要手段。建筑施工安全措施主要是抓好“三宝”、“四口”、“五临边”的安全防护，防范高处坠落事故，具体如图 4-14 所示。

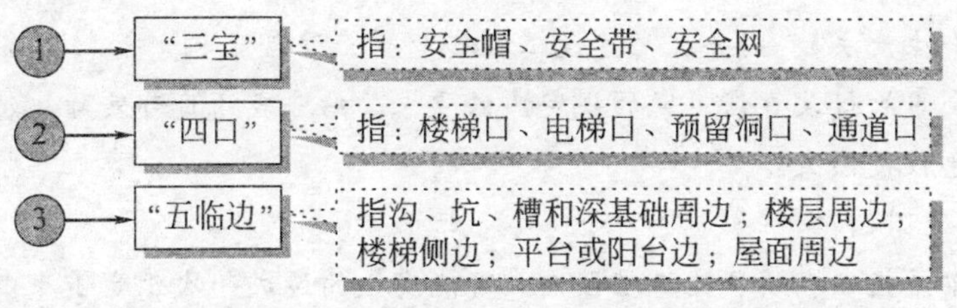

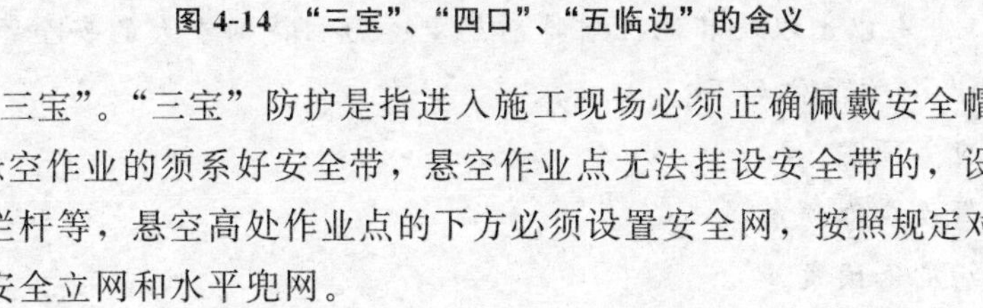

图 4-14　“三宝”、“四口”、“五临边”的含义

(1)“三宝”。“三宝”防护是指进入施工现场必须正确佩戴安全帽，在超过 2 米以上悬空作业的须系好安全带，悬空作业点无法挂设安全带的，设置安全拉绳或安全栏杆等，悬空高处作业点的下方必须设置安全网，按照规定对建筑施工现场设置安全立网和水平兜网。

(2)“四口”。楼梯口、电梯口、预留洞口、通道口，设置安全防护栏杆或盖板、架设安全网，在施工的建筑物的所有出入口搭设牢固的防护棚。

(3)“五临边”。对沟、坑、槽和深基础周边，以及楼层周边、楼梯侧边、平台或阳台边、屋面周边等，必须设置防护栏杆、挡脚板或设防护立网。

“三宝”“四口”“五临边”的安全防护主要可降低高处坠落、物体打击事故

机率，减小高处坠落和物体打击事故损失。

3. 制定应急预案来最大限度防止事故扩大

对建筑施工安全风险管理来讲，采取培训教育、安全防护等措施可降低事故发生的可能性，但并不能从根本上杜绝建筑施工安全事故，需要制定应急救援预案，加强应急救援演练，在发生事故时，采取有效措施，防止事故进一步扩大。

应急救援预案主要是针对可能发生的建筑施工安全事故，为迅速、有效、有序地开展应急行动而预先制定的方案，通过制定应急救援预案明确事前、事发、事中、事后的各个进程。一旦发生事故，施工企业具有应急处理程序和方法，能快速反应，处理故障或将事故消除在萌芽状态，使可能发生的事故控制在局部，防止事故的扩大和蔓延。

下面提供一份××房地产企业施工现场安全事故应急救援预案的范本，供读者参考。

【实战范本】××房地产企业施工现场安全事故应急救援预案

××房地产企业施工现场安全事故应急救援预案

1　目的

为了积极应对可能发生的安全事故，高效有序地组织开展事故抢险救灾工作，最大限度地减少人员伤亡和财产损失，维护社会稳定和正常工作生活秩序，按照《安全生产法》、国务院《建设工程安全生产管理条例》和《国务院关于特大生产安全事故行政责任追究的规定》的要求，结合我项目部实际，特制定本安全事故应急救援预案。

2　预案的范围

本预案是指在我项目施工辖区内，可能发生的造成一次死亡1人以上或重伤（急性中毒）3人以上以及其他性质特别严重、影响特别重大的安全事故应急救援方案。事故预案具体如下。

2.1　爆炸应急预案。

2.2　触电事故应急预案。

2.3　传染病应急预案。

2.4　防暑应急预案。

2.5　高空坠落应急预案。

2.6　火灾应急预案。

2.7　机械伤害应急预案。

2.8　突发事件应急预案。

2.9 中毒应急预案。

2.10 施工现场安全事故应急救援预案。

3 安全事故应急救援组织机构的职能和职责

3.1 安全事故应急救援组织机构框架图，如下图所示。

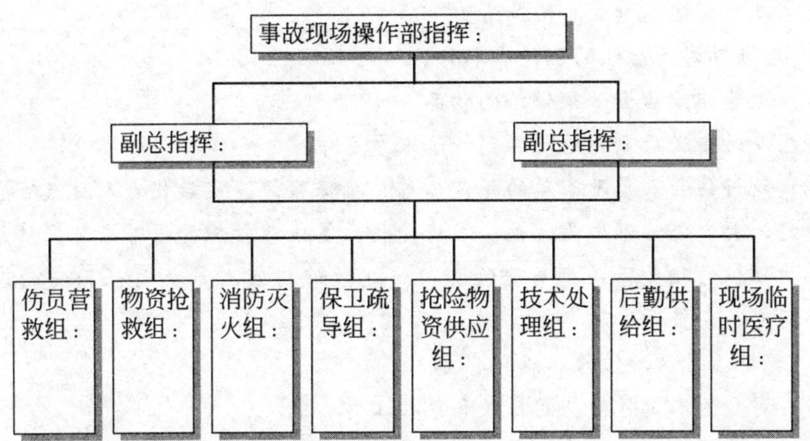

3.2 安全事故应急救援小组的职能及职责。

3.2.1 事故现场操作总指挥的职能和职责。

(1) 负责事故现场所有操作的指挥和协调。

(2) 保证现场人员和公众应急反应行动的执行。

(3) 控制紧急情况。

(4) 协调好消防、医疗、交通管制、抢险救灾等各公共救援部门联系工作。

(5) 与公司安全事故应急总指挥的协调。

(6) 组织现场事故评估。

3.2.2 伤员营救组的职能和职责。

(1) 引导现场作业人员从安全通道疏散。

(2) 对受伤人员进行营救至安全地带。

3.2.3 物资抢救组的职能和职责。

(1) 抢运可以转移的场区内物资。

(2) 转移可能引起新危险的物品到安全地带。

3.2.4 消防灭火组的职能和职责。

(1) 启动场区内的消防灭火装置和器材进行初期的消防灭火自救工作。

(2) 协助消防部门进行消防灭火的辅助工作。

3.2.5 保卫疏导组的职能和职责。

(1) 对场区内外进行有效的隔离工作和维护现场应急救援通道畅通的工作。

（2）疏散场区外的居民撤出危险地带。

3.2.6　抢险物资供应组的职能和职责。

（1）迅速调配抢险物资器材至事故发生点。

（2）提供和检查抢险人员的装备和安全配备。

（3）及时提供后续的抢险物资。

3.2.7　后勤供给善后组的职能和职责。

（1）迅速组织后勤必须供给的物品。

（2）及时输送后勤供给物品到抢险人员手中。

（3）做好伤亡人员及家属的稳定工作，确保事故发生后伤亡人员及家属思想能够稳定，大灾之后不发生大乱。做好受伤人员医疗救护的跟踪工作，协调处理医疗救护单位的相关矛盾。与保险部门一起做好伤亡人员及财产损失的理赔工作。慰问有关伤员及家属。

3.2.8　现场临时医疗组的职能和职责。

（1）对受伤人员作简易的抢救和包扎工作。

（2）及时转移重伤人员到医疗机构就医。

3.2.9　技术处理组的职能和职责。

（1）根据项目经理部施工生产内容及特点，制定其可能出现而必须运用建筑工程技术解决的应急反应方案，整理归档，为事故现场提供有效的工程技术服务做好技术储备。

（2）应急预案启动后，根据事故现场的特点，及时向应急总指挥提供科学的工程技术方案和技术支持，有效地指导应急反应行动中的工程技术工作。

（3）保护事故现场。对现场的有关实物资料进行取样封存。调查了解事故发生的主要原因及相关人员的责任。

3.3　安全事故应急救援器材的配备。

3.3.1　灭火器材清单及分布情况：根据施工队的分布情况，每个队都设置了一处消防器材，每处均有消防架1个、消防斧2把、消防锹4把、消防钩2个、消防桶4个、灭火器2个。

3.3.2　急救箱药品清单：项目部配备急救箱，急救箱内物品有氧气带、急救包、紫药水、红药水、酒精、棉纱、十滴水、创可贴等医疗物品。

3.3.3　救援物资及机械设备由土方一队和桥梁一队根据救援需要调遣供应。

4　施工现场安全事故紧急情况的处理程序和措施

4.1　由项目经理部经理负责组织，项目各部门分工合作，密切配合，迅速、高效、有序开展。项目部应在作施工前准备时，及时制定本施工现场安全事故应急救援预案。

4.2　在抢险救援过程中的人员调动安排、物资和车辆设备的调用、占用房屋场地，任何组织和个人不得阻拦和拒绝。工程施工现场管理和作业人员及其他在场的所有人员都有参加安全事故抢险救援工作的义务。

4.3　事故发生后，事故现场应急专业组人员应立即开展工作，及时发出报警信号，互相帮助，积极组织自救；在事故现场及存在危险物资的重大危险源内外，采取紧急救援措施，特别是突发事件发生初期能采取的各种紧急措施，如紧急断电、组织撤离、救助伤员、现场保护等；迅速向项目经理报告，必要时向相邻可依托力量求救，事故现场内外人员应积极参加援救。

4.4　项目经理接到报警后，应立即赶赴事故现场，不能及时赶赴事故现场的，必须委派一名项目部安全领导小组成员或事故现场管理人员，及时启动应急系统，控制事态发展。

4.5　安全事故发生后，事故发生地的工地负责人和施工管理人员，必须严格保护好现场，并迅速采取必要措施抢救人员和财产。因抢救伤员、防止事故扩大以及疏通道路交通等原因需要移动现场物件时，必须做出标志、拍照、详细记录和绘制事故现场图，并妥善保存现场重要痕迹、物证等。

4.6　各应急专业组人员，要接受项目部安全领导小组的统一指挥，根据事故特点，立即按照各自岗位职责采取措施，开展工作。

4.7　项目部安全领导小组接到报告后，应立即向上级安全领导小组报告。对发生的工伤、损失在10 000元以上的重大机械设备事故，必须及时向公司安全科报告，报告内容包括发生事故的单位、时间、地点、伤者人数、姓名、性别、年龄、受伤程度、事故简要过程和发生事故的原因，不得以任何借口隐瞒不报、谎报、拖报，随时接收上级安全领导机构的指令。

4.8　项目部安全领导小组，应根据事故程度确定工程施工的停运，对危险源现场实施交通管制，并提防相应事故造成的伤害；根据事故现场的报告，立即判断是否需要应急服务机构帮助，确需应急服务机构的帮助时，应立即向应急服务机构和相邻可依托力量求助，同时在应急服务机构到来前，作好救援准备工作，如道路疏通、现场无关人员撤离、提供必要的照明等，在应急服务机构到来后，积极作好配合工作。

4.9　事后，项目部安全领导小组，要及时组织恢复受事故影响区域的正常秩序，根据有关规定及上级指令，确定是否恢复生产，同时要积极配合上级安全领导小组及政府安全监督管理部门进行事故调查及处理工作。

5　成立由项目经理任队长的应急救援小分队

成立由项目经理任队长的应急救援小分队，有5～15人参加。在平时应对应急救援队队员进行应急救援知识的培训学习和现场演练，在应急抢险救援工作中，听命令、服从指挥，要及时、准确、迅速达到抢险救援现场，竭尽全力开展抢险救援工作。

6　应急救援通信联系

6.1　应急救援报警电话拨打：110。

6.2　项目部应急救援领导小组办公室电话：×××××××××。

6.3　×××国土信息资源中心工程项目经理部“安全事故应急救援领导小组”成员名单及联系电话（略）。

7　分项安全生产紧急预案

7.1　爆炸应急预案（略）。

7.2　触电事故应急预案（略）。

7.3　传染病应急预案（略）。

7.4　防暑应急预案（略）。

7.5　高空坠落应急预案（略）。

7.6　火灾应急预案（略）。

7.7　机械伤害应急预案（略）。

7.8　中毒应急预案（略）。

7.9　施工现场安全事故应急救援预案（略）。

第五章

项目成本管理

工作指引

随着房地产行业竞争越来越激烈，我国房地产项目发展的利润空间日趋缩小，因此，加强成本管理就显得尤为重要，也是实现企业利润最大化的重要保证。加强成本控制，提高企业经济效益，已经成为了房地产商重点关注的问题。

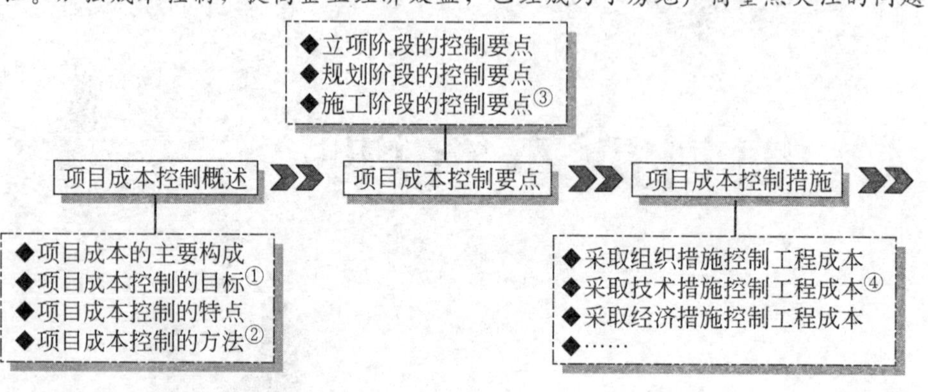

【图示说明】

① 所谓成本控制，就是指在项目成本形成的过程中，以控制人、材、机消耗和费用支出，降低工程成本，达到预期的项目成本目标，所进行的成本预测、计划、实施、核算、分析、考核、整理成本资料与编制成本报告等一系列的活动。

② 房地产项目的成本控制应贯穿于开发全过程中，在这一过程中可运用如下方法来进行成本控制：确立目标成本控制法、采用动态控制的思想、采用集约管理实现成本精确控制。

③ 项目施工阶段的成本控制主要应注意两大方面：一个是因各种变更带来的费用，另一个是材料、工程款的支付。由于市场变化与市场把握的原因，施工阶段不可避免由于各种情况而要对施工计划和内容进行改动，而在变更时明确目的和遵循程序都是必需的。这一阶段进行成本控制时要注意各部门的及时沟通和良好合作。

④ 技术措施不仅对解决施工过程中的技术问题是不可缺少的，而且对纠正施工成本管理目标偏差也有相当重要的作用。具体措施如下：优化施工组织方案；合理确定施工工期；确保工程施工质量；积极推广运用新工艺、新技术、新材料。

第一节　项目成本控制概述

房地产开发项目成本控制是指在满足合同条款的前提下，根据项目的成本计划，对房地产项目开发过程中所产生的费用支出，采取一系列措施来进行严格的监督和控制，及时纠正偏差，总结经验，保证项目成本目标的实现。

一、项目成本的主要构成

房地产开发项目的成本是指房地产开发企业为开发项目所支出的全部成本费用，主要包括如图 5-1 所示的内容。

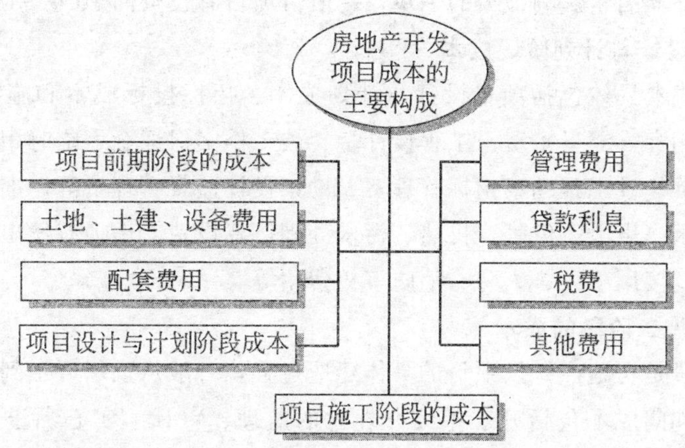

图 5-1 房地产开发项目成本的主要构成

1. 项目前期阶段的成本

这一阶段主要是在市场调研的基础上，对项目进行可行性研究分析，综合论证和决策。该阶段的具体工作包括房地产项目的构思与定位、目标设计、可行性研究和报批立项。这期间对于整个项目来说是基础性阶段，非常重要，但是这一阶段的成本占总成本的比例较低，一般不会超过 4%。此阶段的成本主要是指项目开发前的市场调研、可行性研究等开发费用，为了保证项目的成功，应加强此阶段的工作。

2. 土地、土建、设备费用

土地费用是评价一个项目是否可行和预期利润的最主要的经济指标。房地产开发企业获取土地有三种方式：协议出让、招标出让和拍卖出让。随着国家对土地宏观管理政策的加强，通过拍卖方式获得开发土地成为主要的方式。但土地、土建、设备费用是房地产开发成本的主体内容，大致占总成本的 80%，其中最重要的是土地费用，约占总成本的 30%～40%。土地费用主要包括置换成本、批租费用、动迁费用等。我们在决定是否开发一个项目前，必须将预计的土地费用通过土地面积和容积率的换算，计算出未来所开发每平方米商品房所占的土地成本（俗称楼板价），以此来进行项目的可行性评估。

3. 配套费用

配套及其他收费支出主要包括水、电、煤气、大市政和公建配套费。学校、医院、商店等生活服务性设计也是不可缺少的。其他收费项目中有些虽然属于押金性质，如档案装订金、劳保费、绿化保证金等，但由于种种原因，企业难以全部收回。这类收费项目种类繁多，标准不一，许多收费项目由垄断性经营企业或事业单位执行，任意性很强，收费标准偏高。这部分成本是房地产开发项目的成本构成中受外界因素影响最大的一块，一般占项目总投资的10%～15%。

4. 项目设计与计划阶段成本

该阶段成本具体包括项目设计与计划成本、招标投标成本和施工前准备成本。如工程勘察（测量）费、工程设计费、竣工档案保证金、临时用地费、临时建设工程费、建设工程勘察招标管理费、勘察设计监督管理费等。准备工作中的缴纳包括供水、供电、供气、供热、污水处理厂建设费、土地有偿出让项目办理“四源”，以及接用手续、人防、消防审核费用等。

5. 项目施工阶段的成本

这一阶段是房地产开发项目的具体建造过程，一般从现场开工到竣工后交付使用为止。期间成本包括开工手续办理时的监理、审计、实心黏土砖限制使用费、投资方向调节税、协调费、绿化建设费等。施工成本主要指期间的人工费、材料费、机械费、其他直接费、现场管理费、总部管理费和竣工验收时的手续费、综合验收、性能认定、测绘产权登记费等。

6. 管理费用

管理费用主要是房地产开发企业为组织和管理房地产开发经营活动所发生的各种费用，它包括管理人员的工资差旅费用、办公费、保险费、职工教育费等。管理费用在整个成本中所占的比例一般为2%左右。

7. 贷款利息

房地产属于资金密集型行业，往往必须借助于银行的信贷资金，在开发经营过程中常通过借贷筹集资金，贷款利息也因此成为开发成本的一个重要组成部分，但是对于具体的企业、具体的项目来说，它所占成本的构成比例相对不稳定。

8. 税费

与房地产开发建设有关的税收包括房产税、城镇土地使用税、耕地占有税、土地增值税、营业税、城市维护建设税、教育附加税、契税、企业所得税、印花税等，根据项目的不同，税费略有差别，除所得税外一般占销售收入的7%。

9. 其他费用

它主要包括宣传费用、各种不可预见费用，在成本构成中一般为5%左右。

二、项目成本控制的目标

所谓成本控制，就是指在项目成本形成的过程中，以控制人、材、机消耗和费用支出，降低工程成本，达到预期的项目成本目标，所进行的成本预测、计划、实施、核算、分析、考核、整理成本资料与编制成本报告等一系列的活动。

成本控制的目标有三个层次，如图 5-2 所示。

目标一	通过成本控制配合企业的战略选择与实施，以低成本为依托，通过价格竞争来扩大市场份额，最终扩大企业的利润，帮助企业取得竞争优势
目标二	利用资源、成本、质量、数量、价格之间的联动关系，配合企业获得利润最大化
目标三	降低成本

图 5-2　成本控制的目标

成本控制目标的三个层次都贯穿着成本降低的要求，在许多情况下，单纯强调低成本不一定能代表经济上的合理性，因而需要将成本及成本相关的变量因素联系起来加以考察。

成本控制的总体目标是为施工企业的总体经营管理目标服务。通过为施工企业及外部相关利益者提供各种成本管理信息和相关经济信息，提供决策建议，以及通过各种经济、技术、组织手段提高成本控制水平。

三、项目成本控制的特点

房地产开发项目成本管理与控制的目的是：在确保工程质量、开发周期的前提下以合理的最佳成本完成一个特定的建筑产品。其管理必须是全过程、全方位的，排除多种干扰因素进行全面成本管理与控制。

1. 成本控制的综合性

成本目标不是孤立的，它只有与质量目标、进度目标、效率、工作量要求、资源消耗等相结合综合考虑才能有价值。不能一味强调成本控制而忽视了其他目标的实现，比如为了降低成本而降低质量要求，结果可能因为质量问题而造成返工或停工，拖延工期，不但达不到降低成本的目的，也会损害项目的整体功能和利益。因此，在项目实施过程中，成本控制必须与质量控制、进度控制、合同控制同步进行。

实践证明，成本的超支通常并非成本控制本身的问题，而是由于目标的调整或是其他因素造成的，这些问题通常不是靠单独加强成本控制就可以解决的，还需要通过合同控制、技术措施、管理措施来综合解决。

因此，当采取某项成本控制措施时，要考虑这项措施是否会对其他的项目目标控制产生不利的影响。

比如，在采用限额设计进行成本控制时，一方面要力争使实际的房地产项目成本限定在成本额度内，同时又要保证项目的功能、使用要求和质量标准，这种协调工作不可或缺。

2. 成本控制的全面性

房地产项目的成本控制是贯穿于整个房地产开发实施过程，包括整个房地产开发建设及销售过程中的所有费用。在成本控制中，要注意如图 5-3 所示的问题。

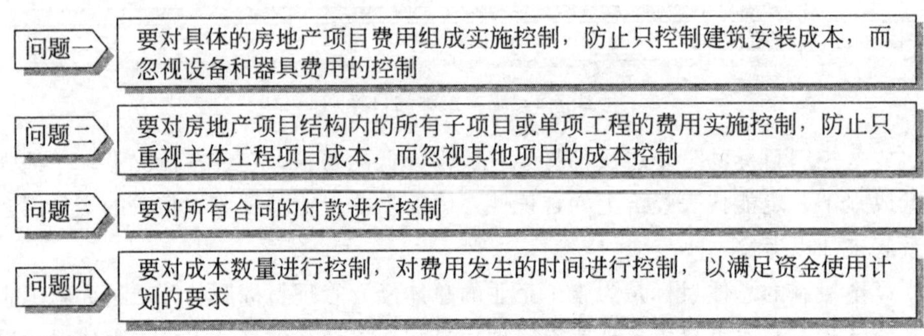

图 5-3 成本控制中应注意的问题

四、项目成本控制的方法

房地产项目的开发一体化程序为：选址、征地、策划、设计、工程、销售、售后服务等阶段。但就项目开发建设来说可分 4 个阶段，具体如图 5-4 所示。

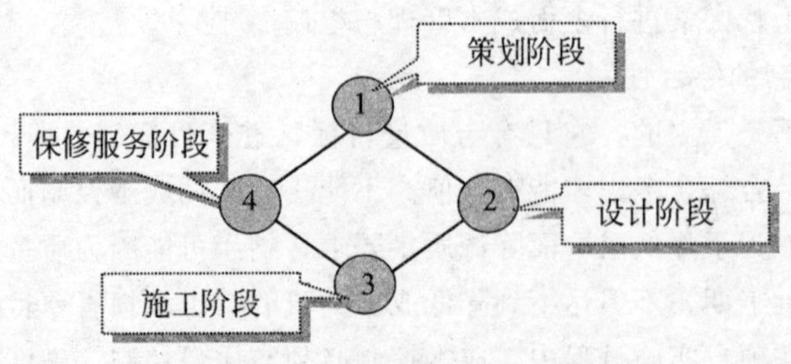

图 5-4 项目开发建设的阶段

房地产项目的成本控制应贯穿于开发全过程中，在这一过程中可运用如图 5-5 所示的方法来进行成本控制。

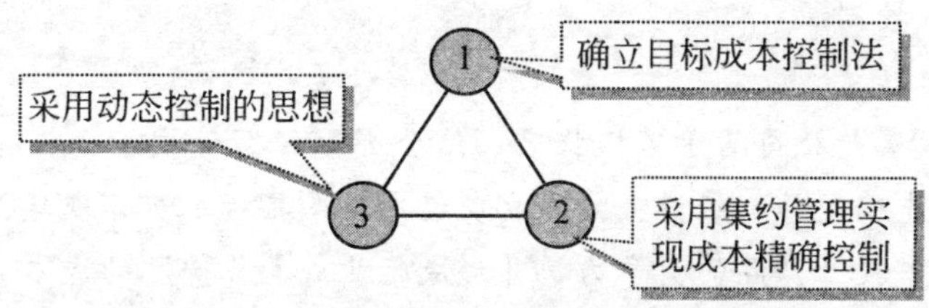

图 5-5　房地产开发项目成本控制的方法

1. 确立目标成本控制法

目标成本法的基本思想是，制定目标成本，将目标成本按规范的成本结构树层层分解，再通过将预算计划落到部门与行动上，把目标变成可行性的行动计划，并在执行过程中把实际结果与目标进行对比分析，找出差距，分析原因，制定改进措施，使成本控制在预算范围之内。

2. 采用动态控制的思想

在投资预测的基础上制定目标成本，作为项目成本控制的基线。随着项目的深入，当计划或实际成本超出目标时，对目标成本进行调整。随着项目的推进，成本动态发生变动，当动态成本与目标成本发生较大差异时，必须分析产生的原因，并修订目标成本，防止成本失控。

3. 采用集约管理实现成本精确控制

集约管理控制是对投资决策、规划设计管理、招投标、工程建设、房屋销售等环节，综合集中起来进行系统控制，在各个环节尤其是关键环节，以成本价值为轴线，同时进行系统规划与控制，以克服原来顾此失彼、前后不衔接等弊端。

下面提供一份××房地产企业目标成本管理实施细则的范本，供读者参考。

【实战范本】××房地产企业目标成本管理实施细则

××房地产企业目标成本管理实施细则

1　目的

1.1　提高集团成本管理水平，建立先进合理的目标成本管理体系。

1.2　为各房地产开发项目部制定目标成本和实施目标成本管理提供相应依据和规范。

2　范围

适用于集团所属各房地产开发项目部。

3　职责

3.1　集团成本预算中心负责本实施细则的制定、修订、解释、监督与检查。

3.2　集团所属各房地产开发项目部负责贯彻实施。

4 方法与过程控制

4.1 目标成本释义。

4.1.1 目标成本是公司基于市场状况，结合公司经营计划，根据预期售价和目标利润进行预先确定的，经过努力所要实现的成本指标。应体现集团“以经济合理性最大的成本提升产品的竞争力，并形成行业成本优势”的成本管理宗旨。

4.1.2 目标成本文件分为三个部分：《目标成本测算文件》《目标成本控制责任书》和《动态成本月评估》。

4.1.3 《目标成本测算文件》反映项目的总目标成本和分项目标成本的金额。项目总目标成本是项目成本的控制线，由各分项目标成本组成。各分项目标成本包括各专业工程造价指标及各种费用指标。

4.1.4 《目标成本测算文件》包括如下内容。

(1) 目标成本测算表。

(2) 跨期成本分摊明细表：按确定的分摊原则，将跨期成本进行分摊并汇总成表，未经公司审批，不允许改变。

(3) 跨期成本分摊原则说明书：明确成本跨期分摊项目及分摊原则，未经公司审批，不允许改变。

4.1.5 《目标成本控制责任书》用以明确各责任部门的成本控制责任范围，包括控制内容、控制要点。

4.1.6 《动态成本月评估报告》反映各成本项目的动态变化情况，分析原因，提出成本控制建议。

4.2 目标成本管理原则。

4.2.1 市场导向原则：目标成本管理以市场为导向，确保目标利润的实现。

4.2.2 准确严谨原则：目标成本指标应科学准确，每项来源都要有充分依据，保证目标成本的权威性。

4.2.3 事前控制原则：目标成本管理贯穿于建设项目的每一阶段，凡事做到事先控制为主，事中事后控制为辅，在立项、设计、施工之前发现问题，减少无效成本。

4.2.4 动态管理原则：建设项目的动态成本要及时与目标成本进行比较并纠偏，确保建设项目总成本在目标成本控制范围内。

4.2.5 可追溯性原则：编制目标成本的资料，包括规划设计图、施工图、政府对房地产相关的收费标准、市场信息价、资本化利息、营销费用管理费用的计算依据及其他相关文件等，并及时收集、整理、存档。

4.3 目标成本科目分类。(略)。

4.4 目标成本文件制定步骤及时间要求。

4.4.1 项目可研阶段。在可研阶段，为获取土地提供参考依据而进行的经济测算，能够较为准确地测算项目收益情况。进行经济测算时，成本估算主要依据类似项目的成本数据或者已结算项目的数据，但须在测算时进行说明。可研阶段应了解项目所在区域的同档次或者相似建筑的成本构成情况及价格水平，为经济测算提供参考。

4.4.2 项目定位阶段。在投资分析和概念设计阶段，根据可行性研究报告，以及营销、设计、成本、工程、财务等相关部门互动讨论确定的项目定位，完成《项目前期成本控制要点》，确定各项费用的计划金额，着重考虑设计、报建、环境配套、营销费等，并向各费用的责任部门交底达成一致，作为各部门的工作目标。主体建筑安装费以设计部编制的“建设项目综合经济技术指标表”为依据，在5个工作日内完成，并根据测算基础，提出实施方案设计阶段的成本控制目标、措施或建议，形成《方案设计阶段的成本控制建议》，以此指导实施方案的成本控制。

4.4.3 实施方案阶段。实施方案确定后15个工作日内，对“项目成本测算表”进行细化和修订，形成“项目目标成本测算表”，编制完成《目标成本控制责任书》，并以此指导设计、招标、施工、采购等业务活动中的成本费用使用与管理。结合设计院的承诺明确各产品类型的限额设计指标（如钢筋、混凝土含量等），形成《施工图设计阶段的成本控制建议》，作为《设计任务指导书》的一部分发给设计院作为施工图设计阶段造价控制的依据。

4.4.4 各阶段的成本测算的相关资料在定稿后，在5个工作日内将相关数据录入成本管理软件。

4.5 目标成本测算表的编制。

4.5.1 目标成本应按项目开发期分期编制，所有核算对象的目标成本以各建筑产品类型的目标成本体现，一个开发期只能编制一个目标成本。

4.5.2 目标成本测算必须应用集团统一测算表格，并体现量价分离的原则。

4.5.3 目标成本的制定以项目的规划指标以及各部门共同确定的建造及材料部品标准、销售交楼标准为基础，“目标成本测算表”须附详细的产品建造及材料部品标准说明及主要材料设备的目标成本分析。

4.5.4 成本测算表中各成本项目的工程量，应根据已竣工的相似工程的结算分析得出的关联系数，由项目规划的基本指标（如建筑面积、基底面积、户数、单元等）推算得出，如按“窗地比”推算门窗面积、按基底面积推算屋面面积。依据施工图预算完成对目标成本修订后，“项目目标成本测算表”中的工程量，应是按图实际计算的结果。

4.5.5 成本测算表中的单价应根据项目定位、交楼标准、图纸要求按当地工程造价计算，依据市场行情计算得出，如是参照已结算工程的单价，需注明参考数据的来源和依据。

4.5.6 项目定位和目标成本测算是互动的决策过程，必须与设计、工程、营销、成本反复沟通，标准是“满足品质要求的性价比最大化”。

4.5.7 投资分析和实施方案阶段的成本测算的量价分析标准不明确时，可以根据已结算工程的经验直接填写建筑面积单方成本或总金额，但需注明参考依据。

4.5.8 各阶段的成本测算应有明显的可对比性，即后阶段的测算与原测算不一致的地方应有充分的依据和说明，且应对差异进行分析说明，形成书面文件并上传成本管理软件。

4.5.9 “项目目标成本测算表”编制完成后，在正式报公司审批前，须经集团成本预算中心审核。

4.6 《目标成本控制责任书》的编制。

4.6.1 《目标成本控制责任书》是目标成本管理的配套实施文件，通过成本责任的划分和过程管理，确保成本目标得以控制。

4.6.2 《目标成本控制责任书》包括两部分内容。

(1) 总体文件：编制依据及说明、项目开发总目标［项目概况（总体规划指标、当期规划指标）、经营目标、销售目标、开发计划、成本目标、成本分摊计划、资金计划、各部门的作业目标］。

(2) 各部门的责任书：主要作业目标、作业时间目标、成本目标（作业成本与牵头控制成本）、控制要点、资金计划。

4.6.3 作业成本是指业务部门为完成本管理部门与项目有关的作业活动，而独自花费的成本支出，这部分成本不构成产品的实体性成本。作业时间成本是为控制各责任部门占用的关键线路时间，而将作业时间成本化，可体现为资本化利息的分配，衡量标准为该部门占用关键线路的作业时间占总作业时间的比例。

4.6.4 牵头控制成本为各责任部门组织其他部门共同控制的产品实体性成本，如地价、主体建筑安装、社区管网工程等。确定牵头控制成本的原则：对哪些项目成本具有控制性的影响力。

4.6.5 营销费的控制包括开发间接费中的“营销设施建造费”和期间费用中的“销售费用”，分期开发的项目应按集团《营销费用管理规范》要求，确定总体和分期目标，并严格控制。“营销设施建造费”额度的确定及实施过程，均需要设计、营销部门的密切配合，兼顾效果与成本的平衡，特别是卖场和样板间装修，在总额确定后，由设计部负主要控制责任，并将样板间装修费用的销售收回率作为成本控制的考核指标之一。“销售费用”应结合推盘计划，于项目定位完成后制订投放时间和费用额度计划。

4.6.6 《目标成本控制责任书》由成本管理部负责编写，初稿完成后反馈到设计、工程、营销、项目经理部、项目开发部、财务部等各责任部门讨论、修改，达成一致并经公司审批后，作为公司纲领性文件下发到相关责任部门执行。

4.7 目标成本的审批。

4.7.1 目标成本编制完成后，在公司内须经过设计、工程、项目、成本及财务等责任部门审批通过后，由公司总经理签发执行。

4.7.2 目标成本经公司审批完成后5个工作日内，将“项目目标成本测算表”、《目标成本控制责任书》及相关的资料录入成本管理软件中，并邮件知会集团成本预算中心，具体要求参见《成本管理软件使用管理办法》。

4.8 目标成本的执行。

4.8.1 项目实施过程中，需及时反映项目成本的动态情况，成本管理部按月编制《项目动态成本月评估》，反映项目成本变化情况并详细说明原因，通报责任成本执行状况，总结无效成本，提出成本控制建议，在公司月度例会上进行通报。

4.8.2 成本管理部按集团统一格式编制《成本信息月报》，每月初3日内报集团成本预算中心。能够熟练运用成本管理软件的公司，经集团成本预算中心同意后，可取消填报成本信息月报表中部分或全部报表。

4.8.3 成本管理部应根据合同签订情况、预算核对情况、结算编制情况及变更签证金额，每月在“成本管理软件”中对各项目的待发生成本进行评估，在成本管理软件中生成“项目动态成本信息表”。

4.8.4 如在月内出现影响成本50万元以上的重大事项，变化发生的责任部门应及时向成本管理部提供相关资料，成本管理部分析成本变化金额和原因，向公司总经理和分管领导汇报。

4.8.5 合同审批时，即时揭示施工合同和材料采购合同的合同造价与目标成本的对比概况；反映营销广告合同、园林环境合同的成本发生情况。

4.8.6 设计变更和现场签证需做到事前预估、一单一算、月结月清，并及时录入成本管理软件，在动态成本信息中予以反映。

4.8.7 样板间动态成本按实际发生成本全额反映。

4.8.8 项目成本决算完成或年度成本管理工作总结时，需根据《目标成本控制责任书》对相关责任部门进行评估，并提交公司管理层作为业绩考核依据之一。

4.8.9 项目成本决算完成后，需进行全面、系统的总结，并按照“成本数据库”的格式要求分析技术经济指标，录入数据库作为新项目测算、设计方案优化、结算初步审核的依据。

4.9 目标成本的修订。

4.9.1 目标成本确定后不得随意修订，有下列情况之一者，可修订目标成本，一般成本变化在成本动态中反映即可。

(1) 主体施工图完成后20个工作日内，仅对目标成本中主体建筑、安装工程费进行修订。

(2) 因规划调整、预售查账或竣工查账导致占地面积、建筑面积、可售面积等规划指标变化导致可售面积单方成本变化累计达±1.5%及以上时，仅对目标成本中相应规划指标进行调整。

(3) 因政府政策变化或市场行情（人工、材料等）发生变化，导致可售面积单方成本变化达±1.5%及以上时，仅对直接影响部分科目修订，同时分公司需事前邮件知会集团成本预算中心。

4.9.2　目标成本修订须按目标成本审批流程进行审批并备案，同时将修订的情况形成正式书面文件提交集团成本预算中心。

第二节　项目成本控制要点

成本控制是一个系统工程，也是控制房地产开发企业成木的关键环节，要实施全成本控制战略，项目经理必须从项目的投资决策、规划设计、招投标、采购管理、工程管理、销售管理等环节对项目成本进行控制与管理。

一、立项阶段的成本控制要点

立项阶段的成本控制根据项目开发方式的不同而有所区别。该阶段由于有国家多项法规政策的限制，运作时灵活度较小，基本原则是在国家规定范围内最大限度地控制企业的费用。项目部在项目开发前期起主要作用，因此，这一阶段成本控制的主要任务由项目部来承担。

立项阶段成本控制要点见表5-1。

表5-1　立项阶段成本控制要点

控制要点		控制什么	怎么控制	谁来控制
开发形式	1. 新征土地	征地费用	少交或晚交，力争减免	项目部负责
		拆迁安置费用	房产确权后办理拆迁安置费用	项目部负责
		大市政费用	自建部分按照公司工程体系走；交政府部分按有关规定办理	工程部、设计部和预算部负责自建部分；工程部负责交政府部分
		规划条件	满足公司利益最大化，合理提高容积率，降低土地成本	项目部、设计部负责

续表

控制要点		控制什么	怎么控制	谁来控制
开发形式	2. 买断项目	买断内容	明确买断内容明细	项目部负责
		付款总额	为公司争取最大利益	项目部负责
		付款时间	周期长、次数多	项目部负责
		三通或七通一平的标准	明确验收标准明细	工程部、项目部负责
		手续风险	与项目付款时间直接挂钩	项目部负责
	3. 合作开发	合作方式	符合集团要求	项目部负责
		分成比例	双赢原则	项目部负责
		交房时间	尽可能地延后交房	工程部负责
		交房标准	不低于合同中交房标准	项目部负责
		付款总额、付款时间	选择有利于公司利益的方式	项目部负责

相关链接：

项目前期策划和确立阶段的成本

这一阶段主要是在市场调研阶段的基础上，对房地产项目进行分析研究、综合论证和决策。具体工作包括房地产项目的构思与定位、目标设计、可行性研究和报批立项等这期间直接发生的各项支出。可行性研究费尤其是报批支出及建设工程规划许可证执照费都可以视为项目成本。这一阶段还有两种重要成本，虽尚未发生，但属于这一阶段必须要考虑的内容。

1. 土地、土建、设备费用

这是房地产开发成本的主体内容，大致占总成本的80%，其中最重要的是土地费用，约占总成本的30%～40%。土地费用是评价一个项目是否可行，是否有预期利润的最主要的经济指标。土地费用主要包括置换成本、批租费用、动迁费用等。房产商在决定是否开发一个项目前，必须将预计的土地费用通过土地面积和容积率的换算，计算出未来所开发每平方米商品房所占的土地成本（俗称楼板价），以此来进行项目的可行性评估。

2. 配套及其他收费支出

主要是水、电、煤气、大市政和公建配套费，学校、医院、商店等生活服务性设计也是不可缺少的。其他收费项目中有些虽然属于押金性质，如档案保证金、绿化保证金等，但由于种种原因，企业难以全部收回。这类收费项目种类繁多，标准不一，许多收费项目由垄断性经营企业或事业单位执行，任意性很强，收费标准偏高。这部分成本是房地产开发项目的成本构成中受外界因素影响最大的一块，一般占项目总投资的10%～15%。

此阶段是开发项目的成败关键。国内外研究表明：一个项目策划的好坏最终对成本和效益影响可以达到30%左右。此阶段的成本管理表现为项目的选址（地段、地块的选择）和项目建设方案。在地块的选择上除了看地价和土地出让金的高低外，还要比较补偿费（拆迁、赔偿、过渡等项费用）和配套设施费用的高低，结合销售价格进行综合平衡，选出最佳经济效益。接着是建设方案的确定，当建设地点特定后对开发成本和效益尤为重要。通常的做法是进行建设方案招标。开发商制定招标文件除了小区（或区域）的总体规划设计、功能、配套要求和建筑设计等技术指标外，还必须有经济指标（投资估算）。在方案评定时由技术专家和经济专家共同组成评审专家组。业主选定的中标方案必须是技术和经济指标俱佳的方案，或是技术方案特佳而经济指标欠佳，但在实施中可采取措施有效优化经济指标者。经济专家在评标时对投标人的投资估算进行审计评估，确认其真实可靠程度，防止中标方案在实施中突破（或较大突破）估算值。

二、规划设计阶段的成本控制要点

项目规划设计阶段的成本控制所占权重最大，具有“一锤定音”的地位和作用。在规划设计阶段进行成本控制是实现事前控制的关键，可以最大限度地减少事后变动带来的成本。所以该阶段控制要点和控制内容相当复杂，基本原则是：周密规划，科学讨论，严格审批。具体见表5-2。

表5-2　规划设计阶段成本控制要点

控制要点	控制什么	怎么控制	谁来控制
1. 规划方案	(1)可行性规划设计	①市场信息搜集和分析 ②市政状况信息分析 ③规划要点确立 ④可行性研究设计任务书 ⑤可行性设计变更	设计部负责，项目、审算、销售部配合
	(2)方案评审	①组成可行性规划评审委员会，对方案进行评审、确定 ②未通过的方案进入可行性设计变更环节，再重新评审	由项目、设计、工程、审算、财务、销售等各部门组成评审委员会，总经理负责
	(3)设计成果	①对可行性规划设计根据实际情况进行细节调整 ②设备选型方案提前确定	设计部负责，工程部配合
		根据提交的设计成果进行投资估算	预算部负责，设计部配合

续表

控制要点	控制什么	怎么控制	谁来控制
2. 报批设计	(1)设计方案	根据项目前期运营的情况和市场分析制定设计任务书	设计部负责,项目部、销售部协作
		方案设计招投标	设计部
		方案设计评审	招投标评审委员会
	(2)报批	①注意市政设计 ②注意相关法规,完善自身报批规范性,材料完整	项目部负责,设计部配合
3. 扩初设计	(1)扩初设计要求	①对报批设计进一步调整 ②设计要求 ③内部审核	设计部负责,知会各部门
	(2)成本概算	根据扩初设计招投标方案和设备选型、实体研究、环境方案等因素对总成本作出概算	设计部与工程部负责
	(3)扩初设计图	制定经营指导书	预算部负责
		①根据扩初设计要求招标 ②专家评审 ③内部评审	招投标评审委员会
		设计调整	设计部负责
4. 桩基设计	(1)地质勘察	①搜集权威地质资料 ②自己专业人员勘察	设计部负责,工程部协助
	(2)设计方案评审	①桩基设计两种以上形式 ②由专家进行桩基形式和桩基结构评审	
	(3)桩基施工图	设计调整	
5. 施工图设计	(1)施工图设计要求	①根据销售包装设计、桩基设计、功能设计及配套设施等因素,在扩初图基础上确立施工图设计要求 ②建安施工图中结构造价、建筑造价和环境设施费等约占总造价70%的部分属于设计方可控部分,应严格审核	设计部和工程部负责,其他部门协助
	(2)报建	政府部门报批费,按政府有关政策交纳	项目部
	(3)报施图 (4)审图 (5)施工配合	互审互签,明确修改意见,设计洽商	设计部负责,工程部协助,知会销售部
	(6)面积测算	设计图纸测算与实际施工时检验相结合	设计部负责,工程部协助

续表

控制要点	控制什么	怎么控制	谁来控制
6. 销售包装设计		①结合营销费用控制 ②施工招投标	
7. 装修方案设计	(1)方案设计要求	根据扩初设计图、经营指导书和实体研究的结果确定方案设计要求	设计部负责，销售部协助
	(2)材料设备选型成本方案	①市场信息调研 ②根据设计要求确定装修材料和设备	设计部负责
	(3)招投标	①制订装修设计目标成本计划明细表 ②装饰综合价格拆分分析	
		制定设计任务书	设计部负责，销售部协助
		评审	招投标评审委员会
8. 功能设计	(1)小区建筑物功能的经济评估	市场调研	销售部负责
		有针对性扩充建筑物功能	设计部负责，销售部、工程部协助
	(2)市政配套方案	①市政状况调研 ②争取政府有利条件	项目部负责
	(3)环境方案设计	根据投资估算和报批标准确立环境设计方案目标成本总额	设计部负责，项目部协助
		招投标	招投标评审委员会
	(4)智能化设计	①市场现状分析，智能化必要性分析 ②智能化内容控制	销售部负责
		招投标，寻找外部合作，争取双赢	招投标小组组织，总经理负责
	(5)销售承诺	保持各部门与销售部的信息畅通，保障销售承诺与实际功能的一致性	设计部负责，工程部协助
9. 设计变更	(1)设计调整费用		
	(2)设计变更洽商	严格按照设计变更洽商流程进行	设计部负责，工程部、销售部协助
10. 材料设备	(1)选型 (2)方案确定时间	在扩初图确定前确定材料设备，使设计在图纸阶段就考虑了材料设备的安装	设计部负责，工程部协助
	(3)采购	招投标	招投标评审委员会
其他费用	物业管理完善费	限额设计	预算部

相关链接：

设计阶段的44个成本控制要点

房地产项目的成本控制，关键在设计阶段（包括选材用料），要占到70%～80%的分量，因此在设计阶段应选择客户认可价值与支付代价最大差值的方案与部品，不宜单纯追求效果，也不宜片面追求低成本。

因此，在各阶段设计和单项设计中，都应持续地开展方案优化工作，比较不同设计方案所带来的品质、效果、成本、效益等方面的差异，同时还要考虑物业维护成本、客户使用成本，从中选择最优设计方案，兼顾长期利益和短期利益的平衡。

第一部分：前期规划

1. 产品组合

实施原理：根据不同的产品组合，追求土地的价值最大化和项目的利润最大化。

优化原则：根据项目获取前期“七对眼睛”的工作成果，综合确定规划设计中的最优产品组合。

2. 成熟产品选用

实施原理：使用成熟产品不仅能够节约时间、提高效率，而且能够大幅度地减少后期的变更签证费用，从而降低产品建造成本，成熟产品的大量使用是未来的一个发展方向。

优化原则：在符合客户需求的前提下，尽量选用成熟产品。

3. 建筑体形

实施原理：建筑外部体形的长宽比例、对称性以及复杂程度直接影响建筑物结构成本高低，同时建筑体形对节能产生较大影响。

优化原则：高层建筑单体应选择对称形式；地层建筑尽量形体简单；考虑抗震及成本要求。

4. 土方工程

实施原理：外运及外购土方在项目实施过程中不仅耗费大量成本而且耗费极大精力，且为隐性成本，对客户并无直接价值体现，应尽可能减少土方外运及外购量。

优化原则：尽可能按原有地势建造产品，比如在坡地上建造坡地建筑、在洼地中建造地下室，能有效减少动土量。

5. 山地建筑

实施原理：山地建筑的处理较为复杂，因地制宜是最好的选择。

优化原则：①根据山体高差确定产品类型；②山地建筑赠送的地下室面积应根据地形设计而不完全按营销要求。

6. 合理确定组团大小

实施原理：组团大小对成本的影响要点是①每个组团一般需要1～2个出入口；②每个组团均有围墙；③每个组团均要考虑消防要求；④每个组团出入口均需配备专门安全管理与设施。

现实中的经验是：如果组团布置过小，则上述费用均大幅增加；如果组团布置过大，可能的物业服务能力跟不上。

优化原则：合理确定组团规模，避免组团规模过小；相对集中布置出入口。

7. 路网应合理简洁

实施原理：道路（包括基层和面层）造价远高于同等面积软景造价，在满足规范与交通组织的前提下，减少不必要的道路面积代之以软景可以节约大量的道路开支。

优化原则：减少路网的不合理曲线和弯折，道路的设计应充分考虑客户的需求。

8. 优化出入口布置

实施原理：每设置一个道路出入口就意味着需增加管理人员及相应设备费用，并且此类费用将长期发生，同时也会带来一定安全隐患问题。

优化原则：满足消防、交通流向疏导等前提下，应尽量减少出入口，既可节省出入口的建造成本，又可减少出入口长期的人员管理费用。

9. 布置消防分区

实施原理：消防设计规范中有对消防分区的明确要求，各消防分区之间的消防设备有明确要求，一般而言应尽量最大限度地布置消防分区，并使其布置的消防分区的面积尽量为其整数倍。

优化原则：①在符合消防规范的前提下，最大限度布置消防分区；②布置防火分区应注意住宅、商用、地下车库（单体、复式）的区别。

10. 控制地下室面积

实施原理：地下室造价高昂，对建造地下室的要求是：在满足人防要求的前提下能少建则少建。

优化原则：严格控制地下室面积。

第二部分：路网工程

11. 道路宽度

实施原理：道路宽度与道路长度一样，减少道路宽度同样起到减少道路面积、增加建设用地、节约成本开支的作用。

优化原则：①在满足消防与交通流量的前提下，适当地减少道路宽度，以节约建设用地；②注意双车行道设置与单车行道设置，单车行道较双车行道节约占地；③通过设置单车行道会车区，可以有效地满足消防验收需要。

12. 给水管的选择

实施原理：压力等级越高的管材造价越高，结合现场实际情况，不同区间管道适当选择不同的压力等级。

优化原则：着重考虑管材优选、综合施工和使用等因素，给水管经济合理性排序为PE管→焊接钢管→无缝钢管→镀锌钢管→UPVC塑料管→球墨铸铁管→钢塑管。

13. 排水管的选择

实施原理：合理进行施工组织设计，减少人工土方开挖量，减少土方倒运量。

优化原则：排水管排序为规格500毫米以内为UPVC波纹管→钢筋混凝土管→PE波纹管；规格500毫米以上为钢筋混凝土管→UPVC波纹管→PE波纹管。一般情况下，机动车道下选用重型（Ⅱ级管或S2管材），对非机动车道下选用重型要严控。

14. 检查井设计

实施原理：室外排水是由管道系统和检查井系统组成，检查井系统的成本优化应从井的数量、井的规格、井的深度以及井盖等几方面入手，井太多也会影响美观和行车方便。

优化原则：避免设计盲目统一选用大规格井；控制重型井盖使用部位；除机动车道外的非机动车道或绿化带等部位严控采用重型井盖，并尽量减少检查井数量。

15. 管网埋深与井深

实施原理：排水系统中一般来说管网与井的深度越深，相应的土方工程量和建造造价都会增加。

优化原则：减少管网埋深与井深。

16. 优化管网走向、长度

实施原理：管网的长度直接关系其造价，管道走向设计的系统性则决定了管道的长度。

优化原则：优化管网走向、长度。

第三部分：单体设计

17. 建筑层高

实施原理：建筑层高直接影响建筑柱、墙体、垂直向管道管线的工程量，一般来说建筑物每增加0.1米，单层建筑成本增加2%左右，在高层建筑中层高的累计则会对建筑的基础产生较大影响。

钢筋含量和混凝土含量是体现结构设计经济性的最终检验指标，采用限额设计能有效地对设计院的设计工作进行约束。

优化原则：无特殊情况，层高采用2.8米。

18. 结构设计

实施原理：在结构设计中，结构荷载和承载力均有一定系数和取值范围，若不对其做要求，设计院通常取值偏于保守，对其经济性考虑较少。

常用的钢筋主要有一级钢、二级钢、冷轧带肋钢、三级钢等，同样的构件使用不同的钢材其经济性不同，应该对使用的钢材种类根据不同的构件进行匹配。

优化原则：向设计院下发设计限额，跟进设计参数。

19. 防火墙设置

实施原理：专业的消防防火墙造价昂贵，规范上允许利用建筑墙体作为防火墙。

优化原则：尽量利用建筑墙体设置防火墙，减少防火卷帘、防火门作为防火隔离等方法；合理设置消防分区，减少消防水幕喷淋系统的设置。

20. 减少沉降缝设置

实施原理：每设置一条沉降缝，不仅要增加缝自身的装饰费用，缝两侧也要增加柱、墙及基础的费用，因此沉降缝数量宜越少越好。

优化原则：在符合设计规范的情况下，减少沉降缝设置。

21. 控制地下室层高

实施原理：在地下室层数确定的情况下，地下室层高是决定地下室埋深的主要因素，控制层高能够减少埋深，从而降低地下室结构成本。

地下室层高的确定一方面需考虑地下室停车和设备放置的需要，另一方面应考虑机械车位设置的可能性。

优化原则：严格控制地下室层高。

22. 减少地下室层数

实施原理：地下室层数、层高以及室外地坪标高共同决定地下室埋深，从而影响地下室建造成本，如果通过对地下停车布置的优化，能在两（一）层地下室内解决三（二）层地下室的停车要求，无疑应减少地下室层数。

优化原则：严格控制地下室层数。

23. 简化地下室排水

实施原理：地下室内排水通过建筑找坡实现，将地面水收集到排水沟，由于地下室面积较大，建筑找坡需进行大量混凝土浇注，费用昂贵，能否取消建筑找坡层？

优化原则：通过结构找坡。

24. 优化转换层

实施原理：转换层是指柱网的转换，高层建筑中由于地下室柱网与上部住宅柱网的布置差异巨大，一般设置转换层，转换层由于承受上部全部荷载，往往出现界面巨大的转换梁，转换层用钢量与混凝土用量一般而言非常大，设计中应予以关注。

优化原则：优化转换层。

25. 优化设备层

实施原理：设备层往往容易被忽视，设计中的保守和浪费情况也较为普遍，结构设计优化中不应忽略对设备层的优化。

优化原则：优化设备层。

26. 简化屋顶造型

实施原理：坡屋面与平屋面、老虎窗与天窗、屋顶上造型构件之间均存在成本差异，如何对比选型应予考虑。

优化原则：既有经济性的比选又满足建筑的要求。

27. 优化外挑外挂构件

实施原理：合理布置外挑外挂构件能较好地提高产品的素质，繁琐和过分复杂的外挑外挂件则不仅在建筑上显得多余，而且增加成本支出。

优化原则：精减过度的外挑外挂构件，形成建筑和成本的双赢。

28. 铝合金门窗

实施原理：同样面积的门窗造价远高于建筑外墙造价，且直接影响建筑能耗，控制门窗面积不仅是建筑成本的要求，也是建筑节能的需要。

优化原则：通过节能测算指标来控制窗墙比；避免大面积西晒玻璃的使用，虽然日落之前可获得较好的采光条件，但是进行空气调节的费用很高；在考虑满足通风要求的条件下尽量减少开启扇数量，并注意防止空气渗漏以及紧急出口设置，平开窗可以较推拉窗获得更高的通风能力，但是开启形式设计需要考虑风压作用。

根据门窗系统（木、铝、塑）、项目产品定位、建设期和使用期全寿命周期费用综合选择门窗五金件系统，避免功能不足或过剩；慎重选择非标门窗系统，减少开模费用。

29. 栏杆栏板

实施原理：栏杆作为建筑中的重要构件，但却往往容易被忽视，采用300元/米的栏杆与200元/米的栏杆总造价可能相差数十万，因此，一方面应根据客户需求确定栏杆档次，另一方面应尽量使用标准化栏杆，提高采购效率并降低成本。

优化原则：①尽量使用标准化栏杆；②栏杆、栏板档次规范化；③兼顾后期的维护费用。

30. 外墙装饰

实施原理：外墙装饰主要是建筑外立面用材，包括石材、面砖、涂料的使用以及外挂件（木材、钢构件、陶制品）等。

一般来说，外立面讲究装饰精致，能起到大幅提高建筑观感效果的作用，同时也切忌外墙装饰材料的堆砌，万科就曾经有分公司的建筑立面方案被当地规划部门要求简化的例子。

建筑装饰另一个不能忽视的部分是：要考虑装饰材料的耐久性与后期维护成本，木制品容易开裂脱漆、钢制品易生锈，这些都是后期客户投诉的隐患。

优化原则：多方面比较，实现价值最大化。

31. 部品及材料选择（百叶、玻璃雨棚）

实施原理：实用性与美观性相结合。

优化原则：①减少百叶、玻璃天窗等不易清洗的部品设计，和室外防腐木的应用，减少后期的维护成本；②栏杆百叶等非承重构件，需控制断面尺寸，不宜过大或过厚，满足强度和刚度即可（需注意节点构造设计），间距满足安全和遮挡要求即可；③玻璃雨篷是由支撑系统与玻璃平板构成，一般需通过受力计算进行设计，支撑系统兼顾受力与造型的功能，玻璃主要是起到遮挡作用，玻璃雨篷的优化一方面要注意玻璃的材质与厚度，另一方面则要简化支撑系统。

32. 金属构件尽量标准化

实施原理：金属构件主要包括住宅的阳台栏杆、围墙栏杆、空调百叶、小院门等，金属构件的标准化不仅能够减少设计、招标次数，体现规模效益，还有利于性价比较高的金属构件的定型。

优化原则：金属构件尽量标准化。

33. 钢构件的处理

实施原理：钢构件需区分使用场所（室内外），分别采用不同的防腐处理。

优化原则：室内楼梯扶手、楼梯间栏杆刷防锈漆＋调和漆即可；室外栏杆选择氟碳喷涂或热镀锌＋静电喷涂或热镀锌＋普通喷涂。

第四部分：景观工程

34. 景观方案

实施原理：景观工程是项目中最能让客户产生好感的内容之一，在景观工程中的几个重要法则是①硬景成本比软景高得多；②景观中花钱多并不一定效果好；③绝大多数的客户对绿化的感觉比硬地铺装要好；④景观中的软硬景比例是重要的指标；⑤水景让人感受亲切，同样存在夜间噪声大、夏日蚊蝇多、后期维护管理费用高的缺点。

优化原则：对景观设计的优化决不能简单化——怎么省钱怎么来，更多的要与设计销售在沟通中和效果的把握中达到共识，另需关注细节，会有出其不意的效果（如残疾人通道、门槛斜坡等）。

35. 景观标准做法

实施原理：拥有多年经验的累计，万科有能力形成自己的兼备经济性与功能要求的标准景观做法，以避免在后期的各项目设计中出现不同的设计方案，增加优化工作量。

优化原则：提供软硬景观标准做法表（如草坪、绿篱、道路、石材、砌块）及相应价格表。

36. 控制景观构筑物的数量与体形

实施原理：景观构筑物主要包括景观桥、墙、亭、台、廊、雕塑等，这类构筑物造价往往较高，使用过多对景观效果会产生不利影响。

优化原则：控制景观构筑物的数量与体形。

第五部分：配套工程

37. 泳池设备选型

实施原理：泳池设计成本控制要点为：严格按照流量、过滤周期等参数合理选择泳池设备中的加压泵、沙缸、给水管径等主要设备。

优化原则：兼顾后期的运营成本。

38. 智能化方案规划比选

实施原理：智能化的设计方案决定了智能化工程的成本，采用符合项目规划的智能化方案能较大程度地节约智能化工程的成本。

优化原则：以项目的市场定位、规划设计思想和物业管理思路来确定智能化系统规划设计方案（如，封闭管理社区选用红外对射周界防翻越系统、开放的大社区管理结合封闭的单元管理选用电视监控加电子巡更系统）。

39. 围墙设计分层次

实施原理：小区内围墙主要包括组团围墙、小区围墙与公建（如学校）围墙，组团围墙与小区围墙的量所占比重较大，围墙的造价按不同的设计档次差别可达数倍之多。

优化原则：不同档次项目选择不同档次围墙，且兼顾实用性。

40. 配套面积的控制

实施原理：同一项目，建设一万平方米的配套与建设五千平方米的配套所付出的成本代价的差别是数以千万计的，而这些成本都需要由可销售的产品来承担，因此控制配套面积是控制配套成本的最关键点。

优化原则：①会所面积优化；②学校面积优化；③物业用房面积优化；④架空层面积优化。

41. 停车方式

实施原理：同样一块停车面积内，科学地规划停车方式与不合理的停车方式设计所能得到的有效车位数量有很大差别，同样，从地面到地下各种停车位的建造成本有也巨大的差别。

优化原则：①车位平面布置最优化——限定面积内停放量最大；②车位建造成本由低到高的顺序为地面露天车位→首层架空车位→地上独立车库→半地下车位→地下车位，具体停车方式要结合容积率情况综合考虑。

42. 配电设备布置

实施原理：配电设备的布置影响到配电房的设计以及配电房面积。

优化原则：①测算配电设备分期布置与合并布置的经济性；②所有供配电设备（除发电机组外的高压柜、变压器、低压柜）尽可能设在同一房间内，确保在符合规范要求下距离最短，以减少之间连接线路。

43. 开闭所选址

实施原理：开闭所是所有电缆的出口，其位置直接决定了所用电缆的长度，在电缆价格高昂的现阶段，其长度是影响成本的一个非常重要的因素。

优化原则：合理布置开闭所位置，使整体走线长度最短。

44. 水泵房建设

实施原理：小区的供水往往有以下几种方式——从市政供水管网直接供水；当市政供水管网压力不够时，对部分高层住宅通过水泵方式加压供水；为整个小区建设水泵房，统一加压供水，统一建设水泵房往往投资在100万～200万元左右。

优化原则：①重点考虑建造水泵房的必要性；②必须建造水泵房时应考虑建造位置及占用空间——应以距市政接入点最近为原则；③根据项目产品组合（高层、小高层、多层），进行供水方案技术经济比选（带水箱变频加压控制系统、无负压管网直联式供水系统、市政压力直供或多方案组合等）。

三、项目施工阶段的成本控制要点

项目施工阶段的成本控制主要应注意两大方面，一个是因各种变更带来的费用，另一个是材料、工程款的支付。由于市场变化与市场把握的原因，施工阶段不可避免由于各种情况而要对施工计划和内容进行改动，而在变更时明确目的和遵循程序都是必需的。这一阶段进行成本控制时要注意各部门的及时沟通和良好合作。具体控制要点见表 5-3。

表 5-3　施工阶段成本控制要点

<table>
<tr><th>控制要点</th><th>控制什么</th><th>怎么控制</th><th>谁来控制</th></tr>
<tr><td rowspan="5">1. 设计变更环节</td><td>(1)变更评估</td><td>①项目前期规划、定位要全面、准确,尽量避免在施工中的重大设计调整
②加强施工前的审核工作,全面考虑工程造价,对可能发生变更的地方有预见性,并予以事先约定
③各部门全面评估变更带来的各种变化,为审批提供参考依据</td><td>①预算部负责计算变更费用(含可能引起的索赔)
②甲方项目代表执行修改的工期评估
③预算部成本管理员负责计算变更后的成本现状</td></tr>
<tr><td rowspan="3">(2)变更的审核签认</td><td>根据变更原因将设计变更分成四类,不同类别按相应的审核签认流程进行</td><td>经办部门</td></tr>
<tr><td>设计变更通知单</td><td>发生变更项目的负责人</td></tr>
<tr><td>变更必须有设计单位、设计部、工程部、监理单位和施工单位共同签字后,才能有效</td><td>经办部门</td></tr>
<tr><td>(3)变更的审批</td><td>主管总经理审批后方可进行变更</td><td>主管总经理</td></tr>
<tr><td rowspan="6">2. 施工现场签证</td><td>(1)签证的必要性</td><td>现场签证的确认应严格按照合同中所约定的条款执行</td><td rowspan="2">经办部门(设计部或工程部)</td></tr>
<tr><td>(2)签证的时限</td><td>现场签证确需发生,应坚持当时发生当时签证的原则</td></tr>
<tr><td>(3)签证的工程量</td><td>①认真核对签证的工程量
②签证的内容、原因、工程量应清楚准确、无涂改、编号准全,并有监理工程师的签字确认</td><td>经办部门(设计部或工程部)</td></tr>
<tr><td rowspan="2">(4)签证的审批</td><td>施工洽商通知单</td><td>发生变更项目的负责人</td></tr>
<tr><td>必须遵循“先洽后干”的原则,在确认签证前,应按相应审批程序报审,通过后方可正式签证</td><td>主管总经理</td></tr>
<tr><td>(5)签证的反馈</td><td>对工程变更应定期进行分类汇总统计分析,并根据统计资料对控制工程变更提出改进意见</td><td>资料工程师</td></tr>
</table>

续表

控制要点	控制什么	怎么控制	谁来控制
3. 审图	(1)扩初图会审 (2)施工图会审 (3)分项、分部图会审 (4)各专业技术图纸会审	①图纸多层次会审会签及审批制度 ②各专业互审互签制度 ③力争在开工前把图纸中的问题修改完	甲方技术负责人
4. 总分包配合费	(1)分包方式 (2)分包内容 (3)分包的责任界定	①通过投标确定配合费 ②应避免在施工过程中修改分包方式、分包内容、范围而增加工程成本	甲方代表
5. 材料供应	(1)选型 (2)材料供应方式 (3)材料计划 (4)预留时间	施工所用的各项材料的选型应在材料招标前确定	设计部
		先确定材料供应方式,通过招标确定相关费用	预算部组织,工程部参加
		限时编制材料计划并进行材料计划签认	甲方代表
		要考虑可能出现的问题,留出相应的时间	经办部门
6. 工程款的支付	(1)付款进度 (2)工程进度	①按合同约定执行付款 ②按进度付款 ③多层次多角度审核工程进度	①甲方代表与监理工程师审核完成的形象部位 ②预算人员审核工程价值量
	(3)付款的审批	根据情况由不同级别人员最终审批	主管副总或总经理

相关链接:

项目实施阶段的成本控制

房地产开发项目的实施阶段是依据规划设计方案和图纸，利用原材料、半成品和各种设备建设房屋的过程，是整个项目过程中资金投入最大，占据时间也相对较长的阶段，因此施工阶段的成本控制是非常复杂的。这个阶段一定要做好“三控两管一协调”工作，具体可以从以下3个方面进行成本控制。

1. 认真执行财经纪律和企业内部财务管理的各项规定

根据内部经济的核算和责任成本控制的需要，制定合理的投资成本目标体系，以利于划分经济责任，计算经济效果，做到责权利明确。

2. 加强工程费用计划的控制

在工程建设过程中，通过严格执行工程费用计划，可以有效地控制工程项目投资成本，节约投资，提高经济效益，因此，必须始终对工程费用计划进行跟踪检查和控制。精心地组织施工，挖掘各方面的潜力，节约资源消耗，对施工阶段的投资控制应给予足够的重视，从组织、经济、技术、合同等多方面采取措施，控制投资成本。

3. 加强现场签证管理以杜绝不合理现象的产生

施工阶段，现场可变因素多，如场地原因、材料供应等因素的影响，所以施工阶段的现场签证不可避免。有些开发企业或监理机构驻工地代表，业务素质差，对预算和有关规定不熟悉不了解，不应签证的盲目签证或签证不及时办理，马马虎虎随意签证，甚至签证过程中搞不正之风等，这些现象，不仅影响工程投资控制，而且影响工程造价。因此，必须加强现场签证管理，同时加强现场管理人员的业务培训，提高其经济管理工作的意识，加强职业道德教育，纠正行业不正之风，尤其加强对现场签证的审核工作，不合理的签证坚决废除，做到合理公正，控制了投资，降低了工程成本。

第三节 项目成本控制措施

房地产开发企业要想在激烈的市场竞争中立于不败之地，在开发出有适销对路的房源的同时，必须提高成本管理水平，作好成本控制工作。

一、采取组织措施控制工程成本

组织措施是在施工组织的指导下项目的组织方面采取的措施，是其他各类措施的前提和保障，必须采取组织措施抓好成本控制，才能使企业在市场经济中立于不败之地。具体措施如图 5-6 所示。

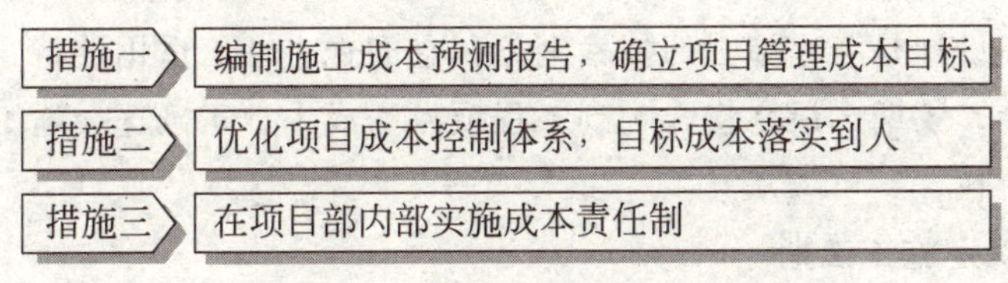

图 5-6 控制工程成本的组织措施

1. 编制施工成本预测报告来确立项目管理成本目标

编制成本预测可以使项目经理部人员及施工人员无论在工程进行到何种进度，都能事前清楚知道自己的目标成本，以便采取相应手段控制成本，做到有的放矢，打有准备之仗，这是做好项目成本控制管理工作的基础与前提。

2. 优化项目成本控制体系使目标成本落实到人

工程项目的成本控制体现在各级组织管理机构下，需针对项目不同的管理岗位人员，做出成本耗费目标要求。项目各部门和各班组加强协作，将责、权、利三者很好地结合起来，形成以市场为基础的施工方案、物资采购、劳动力配备经济优化的项目成本控制体系。

3. 在项目部内部实施成本责任制

施工成本管理不仅是项目经理的工作，工程、计划、财务、劳资、设备各级项目管理人员都负有成本控制责任。通过成本责任制分解责任成本，层层签订责任书；量化考核指标，把责任成本分解落实到岗位、员工身上，形成企业上下人人关心成本、人人关心效益的新局面。

二、采取技术措施控制工程成本

技术措施不仅对解决施工过程中的技术问题是不可缺少的，而且对纠正施工成本管理目标偏差也有相当重要的作用。具体措施如图 5-7 所示。

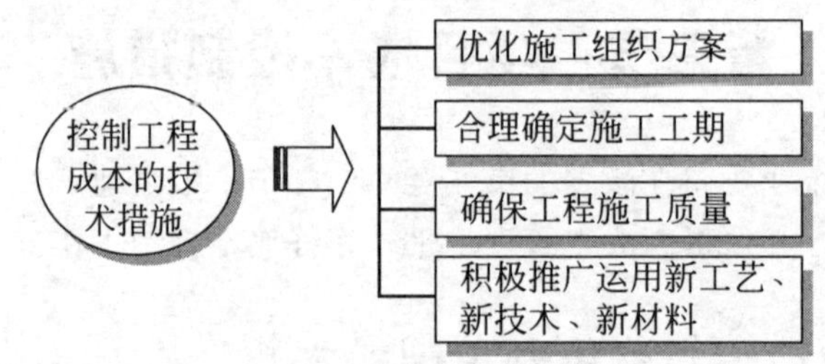

图 5-7　控制工程成本的技术措施

1. 优化施工组织方案

项目管理者根据工程特点和工程建设的不同阶段，制定先进可行、经济合理的施工方案，优化施工组织设计，以达到缩短工期、提高质量、降低成本的目的。施工组织设计是工程施工的技术纲领，它的先进性、适用性将直接关系到工程质量、安全、工期，最终将影响到工程项目的成本，正确选择施工方案是降低成本的关键所在。

2. 合理确定施工工期

施工工期是一种有限的时间资源，施工项目管理中的时间管理非常重要。当施工工期变化时，会引起工程劳动量（人工与机械）的变化。同一工程项目，工期不同，工程成本就不同，因此，合理的施工进度安排，达到最大限度地缩短工期，将减少工程费用，使施工单位获得较好的经济效益。

3. 确保工程施工质量

因质量原因造成的返工，不仅会造成直接经济上的损失，而且可能会影响工程的施工进度，如果因此而影响了工程的如期竣工，就可能会引起业主的索赔。因此施工技术人员必须严把质量关，杜绝返工现象，缩短验收时间，节省费用开支。

4. 积极推广运用新工艺、新技术、新材料

在施工过程中，加大科技进步与提高工程质量的结合力度，努力提高技术装备水平，积极推广运用各种降低消耗、提高功效的新技术、新工艺、新材料、新设备，提高施工生产的技术含量，最大限度节约建设成本，提高经济效益。

三、采取经济措施控制工程成本

经济措施是最易为人接受和采用的措施。项目经理应以主动控制为出发点，及时控制好工程各种费用，尤其是直接费用的控制。具体措施如图 5-8 所示。

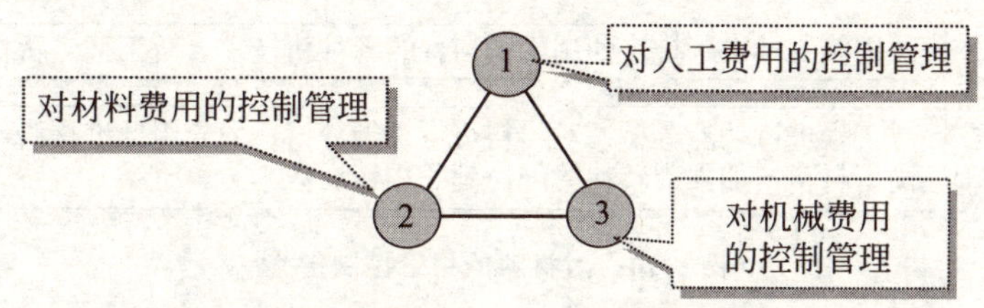

图 5-8　控制工程成本的经济措施

1. 人工费用的控制管理

人工费用占全部工程费用的比重较大，一般在 10%左右，所以要严格控制人工费用。要从用工数量方面控制，有针对性地减少或缩短某些工序的工日消耗量，从而达到减低工日消耗，控制工程成本。

(1) 改善劳动组织，以减少窝工浪费，应加强技术教育和培训工作，还需加强劳动纪律，压缩非生产用工和辅助用工，严格控制非生产人员比例。

(2) 实行合理的奖惩制度，完善内部的成本激励机制。按岗位责任、工作目标、成本内容与工程项目部每个人的工资奖金挂钩，上下浮动，促使全体员工在实现各自成本责任目标的同时，实现整个企业的成本利润目标。

2. 材料费用的控制管理

材料费用一般占全部工程费的 65%～75%，直接影响工程成本和经济效益，一般做法是要按量价分离的原则，主要做好如图 5-9 所示的 5 个方面的工作。

(1) 对材料的用量控制。对材料的用量控制主要从如图 5-10 所示的方面来开展。

(2) 对材料的价格进行控制。价格主要由采购部门在采购中加以控制，具体措施如图 5-11 所示。

(3) 减少损耗。改进材料的采购、运输、收发、保管等方面的工作，减少各环节的损耗，节约采购费用；合理堆置现场材料，避免和减少二次搬运。

对材料费的控制应做的工作
对材料的用量控制
对材料的价格进行控制
减少损耗
加强监督，减少浪费
加强物资核算管理

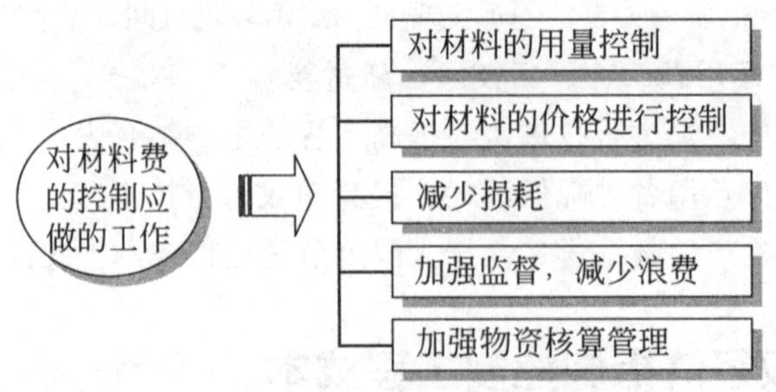

图 5-9 对材料费的控制应做的工作

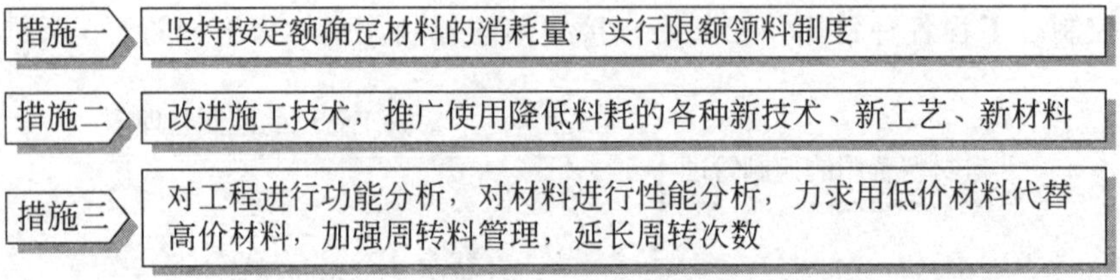

措施一
坚持按定额确定材料的消耗量，实行限额领料制度
措施二
改进施工技术，推广使用降低料耗的各种新技术、新工艺、新材料
措施三
对工程进行功能分析，对材料进行性能分析，力求用低价材料代替高价材料，加强周转料管理，延长周转次数

图 5-10 对材料的用量控制措施

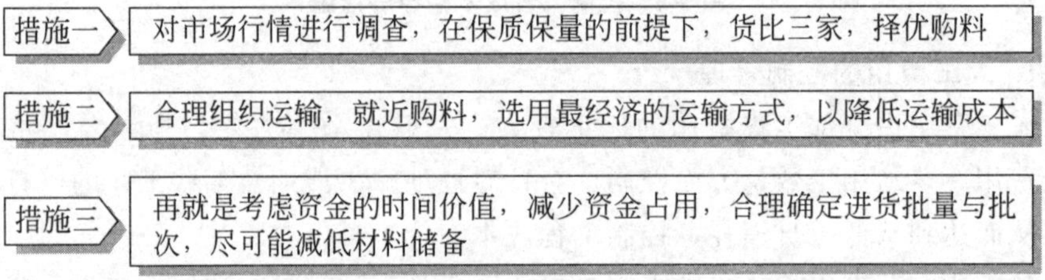

措施一
对市场行情进行调查，在保质保量的前提下，货比三家，择优购料
措施二
合理组织运输，就近购料，选用最经济的运输方式，以降低运输成本
措施三
再就是考虑资金的时间价值，减少资金占用，合理确定进货批量与批次，尽可能减低材料储备

图 5-11 对材料的价格控制措施

（4）加强监督，减少浪费。实行监督施工过程，项目经理要保证材料的使用严格按施工工艺要求进行，违章操作会造成材料不必要的浪费。

（5）加强物资核算管理。项目部应每月末进行物资盘点，依据工程数量、施工配合比等有关构成工程实体的所用材料，计算主要材料节超情况，针对发现的问题及时查找原因，制定纠偏措施，堵塞漏洞。

3. 机械费用的控制管理

机械费的控制主要从如图 5-12 所示的 5 个方面来开展。

四、加强质量管理控制工程成本

工程项目建成后，如发现质量问题又不可能像一些工业产品那样拆卸、解体、更换配件，更不能实行“包换”或“退款”，因此工程项目施工过程中的质

措施一	正确选配和合理利用机械设备，搞好机械设备的保养修理，提高机械的完好率、利用率和使用率，从而加快施工进度、增加产量、降低机械使用费
措施二	尽量减少施工中消耗的机械台班量，通过合理施工组织、机械调配，提高机械设备的利用率和完好率，同时加强现场设备的维修、保养工作，降低大修、经常修理等各项费用的开支，避免不当使用造成机械设备的闲置
措施三	实行机械操作人员收入与产量及设备保管好坏挂钩，调动机械操作人员积极性
措施四	制定合理的定额管理制度，实行单机核算、单项考核、责任到人的奖惩分明的考核办法，才能收到控制机械作业成本的实效
措施五	加强租赁设备计划管理，充分利用社会闲置机械资源，从不同角度降低机械台班价格

图 5-12 对机械费的控制措施

量控制，就显得极其重要。

1. 房地产项目施工前准备阶段质量管理

工程项目施工涉及面广，是一个极其复杂的过程，影响质量的因素很多，使用材料的微小差异、操作的微小变化、环境的微小波动、机械设备的正常磨损，都会产生质量变异，造成质量事故。因此，在项目施工前准备阶段就要抓好质量管理。

（1）明确质量目标。房地产开发项目的质量目标确定与项目投资人的开发项目战略和产品策划定位有关，同时与项目的进度控制、成本控制处于一个优先级，因此，项目开发的质量目标必须适合项目本身的特点。目标过低，会对项目带来伤害，失去市场竞争力；过高会造成投入成本加大，综合开发绩效降低。在准确地确定质量目标时，首先要进行质量投入的收益和费用分析，在项目投资人和项目团队中增强质量成本认识，要树立开发项目全寿命周期成本观念。适当增加项目的一致成本，减少非一致成本；适当增加预防成本，大力降低事故成本。

（2）制订项目建设实施的质量管理计划。在确定了项目建设质量目标后，应制定出实现质量目标的措施和方法，正确地使用计划编制的输入、工具和技术（如质量基准计划、流程图，坚持设计样板带路、准确使用质量标准）编制切实可行的质量计划。在明确项目团队的相关质量责任后，项目经理对项目质量管理负责，项目质量经理具体对项目质量负责，项目团队各专业工程师对项目质量的规范负责，实施单位对项目的结果负责。

（3）建立质量保证机制。质量保证就是实施质量计划，增强项目投资人、项目最终用户项目质量的信心。具体措施如图 5-13 所示。

措施一 开发项目工程建设严格实行招投标制和建设监理制，委托有资格的监理单位对中标的施工单位资质进行核查，使施工单位的资质等级与承揽的工程项目要求相一致，对施工人员素质和人员结构进行监控，使参与施工的人员技术水平与工程技术要求相适应

措施二 在标前举行标前说明会，在会上开发商公开讲明本开发项目的质量目标、进度目标、成本控制目标以及招标条件

措施三 对施工组织设计和质量计划进行审查

措施四 对进场的原材料、构配件和设备进行监控

措施五 对施工机械设备的选择，应考虑施工机械的技术性能、工作效率、工作质量和维修难易、能源消耗以及安全、灵活等方面对施工质量的影响与保证

措施六 组织由设计单位和施工单位参加的设计交底和设计会审会议

措施七 检查施工单位是否建立和健全了质量管理体系等

图 5-13 质量保证措施

2. 开发项目建设施工过程的质量控制

施工是开发项目形成实体的过程，也是决定最终产品质量的关键阶段，要提高开发项目的工程质量，就必须狠抓施工阶段的质量控制。

在房地产开发项目的建设过程中的过程控制可以采取如图 5-14 所示的措施，确保工程的质量。

措施一 对施工单位的工作过程和阶段性成果与原合同所界定的工作范围进行比较，找出工作范围在执行中存在的偏差

措施二 运用合同确定的质量标准、施工图及设计总说明与实际工作成品和半成品进行比较，找出偏差

措施三 运用经批准的施工方案、施工作业顺序与实际工作过程顺序进行比较找出偏差

措施四 运用抽查、巡查、普查等手段对整个作业过程进行跟踪，得出施工单位现场项目部是按现阶段施工顺序、方法、质量标准继续作业还是进行整改的意见和建议

图 5-14 开发项目建设施工过程的质量控制措施

五、加强合同管理控制工程成本

合同管理是房地产企业开发项目管理的重要内容，也是降低工程成本、提高

经济效益的有效途径，项目施工合同管理的时间范围应从合同谈判开始，至保修日结束止，尤其是加强施工过程中的合同管理，抓好合同的攻与守，攻意味着合同执行期间密切注意我方履行合同的进展情况，以防止被对方索赔。合同管理者的任务是应熟知合同的字里行间的每一层意思，及时避免每一层的解意不当或延误而造成成本的增加。

相关链接：

如何加强合同管理控制工程造价

施工项目部作为施工企业最基本的工程管理实体，同时也是企业与业主所签订的工程承包合同事实上的履约主体，肩负着对完整的施工企业产品全面、全过程管理的责任。因此，如何对项目施工合同管理与成本进行控制，创造良好的经济效益，以增强企业的市场适应能力，就显得尤为重要。

1. 做好内部预算，有效控制工程成本

内部预算是施工企业按照企业承包内部定额（或施工定额）和相应的费用标准以及实施性施工组织设计和施工设计文件编制的经济技术文件，它是开展成本管理的基础，是明确成本支出，签订经济合同的依据。内部预算的确定要及时、合理，具有一定的科学性、先进性、可控性、时效性。

2. 建设工程合同管理要规范化、标准化

施工合同管理是工程管理体系的重要组成部分，也是降低工程成本和提高经济效益的重要途径。在工程合同中施工、技术、成本、质量、安全融于一体，任何人都有义务随时监督合同的履行情况，发现问题及时反馈。因此，合同签订以后要仔细研究合同，深入理解合同文件精神。

3. 加强合同中的索赔管理，控制工程造价

索赔管理是合同管理的主要内容之一。一些投机承包人往往以低投标价争取中标，而以高索赔来获取企业额外利润，所以索赔管理也是控制工程造价的关键之一，对工程项目各阶段的实施应安排合理的时间，明确建造标准，尽可能避免施工中承包人的索赔，及时支付工程预付款和进度款。

第六章

项目后期管理

工作指引

后期管理是房地产开发项目工程管理水平的重要体现，也是确保建筑工程质量的重要途径。后期管理在很大程度上已经成为建筑工程领域寻求持续长足发展的关键元素。因此，房地产开发项目的后期管理工作非常必要。

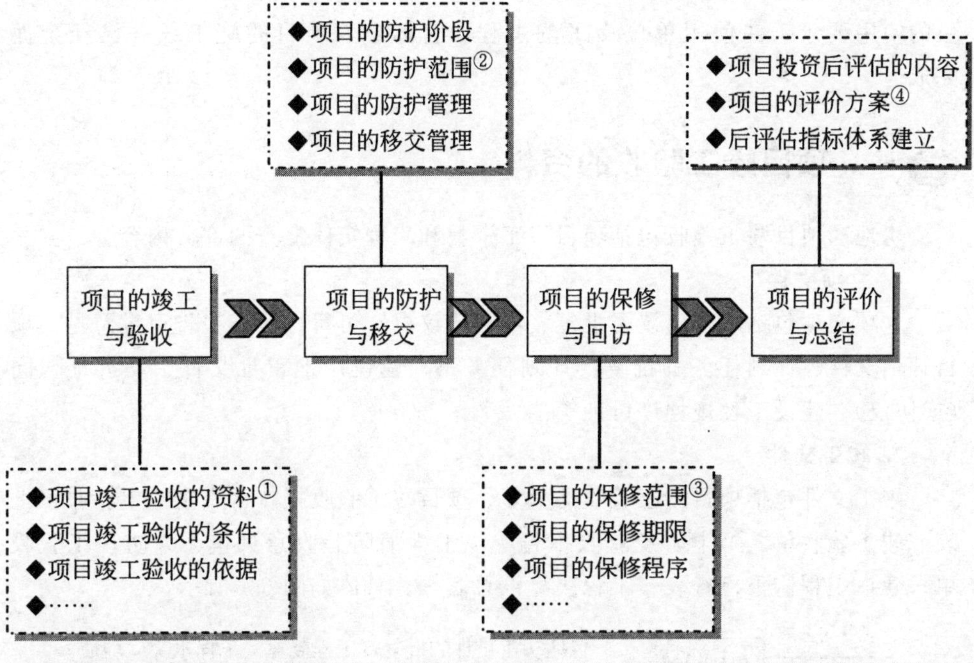

【图示说明】

① 房地产项目竣工验收包括项目竣工资料和工程实体复查两部分内容，其中项目竣工资料包括立项文件和竣工文件。

② 房地产项目的防护范围包括施工中的未满龄期的混凝土的养护；墙面贴面、地面铺地砖的保护；新刷油漆件的保护；门、窗、玻璃的防护；室外花草的养护；标识系统的维护；给排水设施、供电设施、供气设施、路灯及通信设施的维护等。

③ 房地产项目的保修期限如下：地基基础和主体结构工程，为设计文件规定的该工程的合理使用年限；屋面防水工程为5年；供热与供冷系统为2个采暖期、供冷期；电气系统、给排管道、设备安装为2年；装修工程为2年；其他项目的保修期由建设单位和施工单位约定。

④ 根据房地产项目的实际情况，大致有两种评价方案：一种就是在项目竣工结束后对项目运营的整体效益、效果和影响进行预测、分析，从中发现问题，分析其原因，总结经验；另外一种就是按照项目的生命周期，对项目从策划决策到最后的运营过程，分阶段进行具体评价分析。

第一节　项目的竣工与验收

房地产项目竣工验收就是指房地产项目经过承建单位的施工准备和全部的施工活动，已经完成了项目设计图纸和承包合同规定的全部内容，并达到了建设单位的使用要求，向使用单位交工的过程，它标志着项目的施工任务已经全面完成。

一、项目竣工验收的资料

房地产项目竣工验收包括项目竣工资料和工程实体复查两部分内容。

1. 立项文件

立项文件包括项目建议书批复、项目建议书、可行性研究报告审批意见、项目评估文件、计划任务书批复、计划任务书、建设用地审批文件、动拆迁合同(或协议)、建设工程规划许可证等。

2. 竣工文件

竣工文件包括项目竣工验收的批复、项目竣工验收报告、安全卫生验收审批表、竣工验收单、卫生防疫验收报告单、工程消防验收意见单、人防竣工验收单、建设工程监督检查表、工程决算汇总表等。具体如图 6-1 所示。

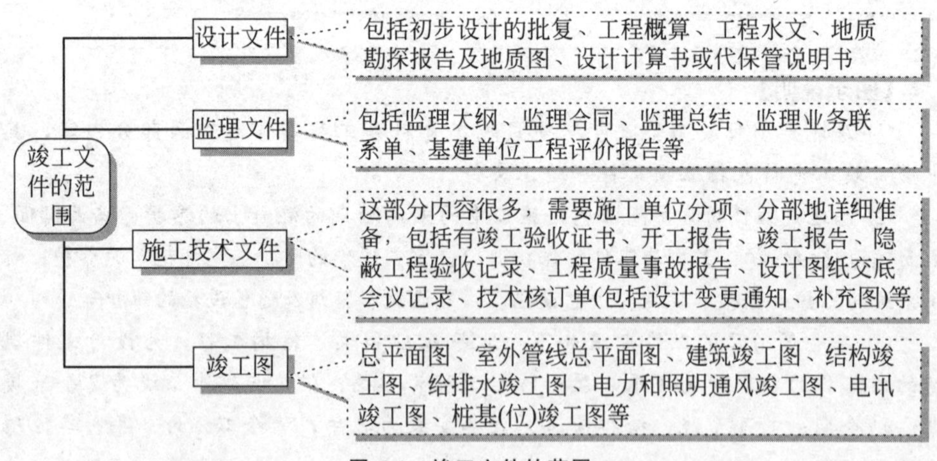

图 6-1　竣工文件的范围

二、项目竣工验收的条件

房地产开发项目竣工验收的条件如图 6-2 所示。

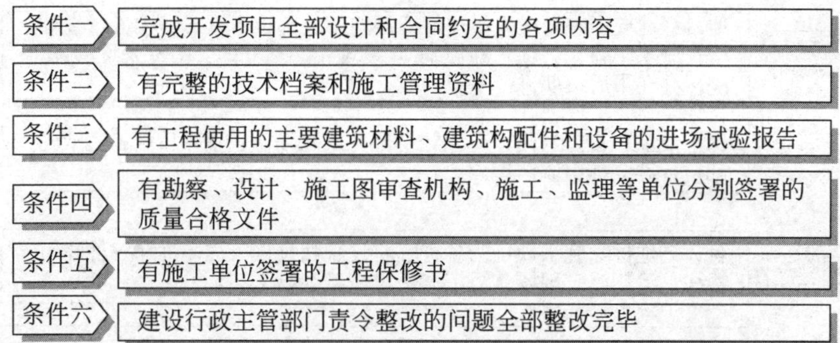

图 6-2　房地产开发项目竣工验收的条件

三、项目竣工验收的依据

房地产项目竣工验收的依据如图 6-3 所示。

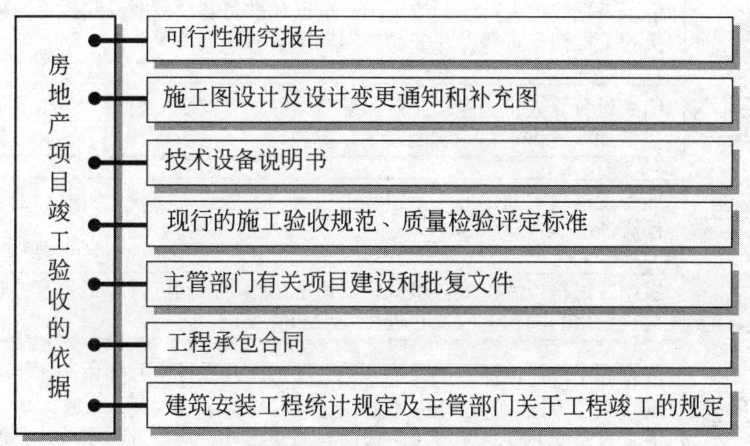

图 6-3　房地产项目竣工验收的依据

四、项目竣工验收各阶段的工作内容

房地产项目竣工验收的工作分 5 个阶段来执行，具体如下。

1. 施工收尾阶段

施工收尾阶段的工作内容如图 6-4 所示。

2. 竣工准备阶段

竣工准备阶段的工作内容如图 6-5 所示。

3. 竣工预验阶段

（1）预验的标准应与正式验收一样，主要依据是：国家（或地方政府主管部

内容一　项目经理要组织有关人员逐层、逐段、逐部位、逐房间地进行查项，检查施工中有无丢项、漏项，一旦发现，必须立即交由专人定期解决，并在事后按期进行检查

内容二　保护成品和进行封闭，对已经全部完成的部位、查项后修补完成的部位，要立即组织清理

内容三　有计划地拆除施工现场的各种临时设施和暂设工程，拆除各种临时管线，清扫施工现场，组织清运垃圾和杂物

内容四　有步骤地组织材料、工具以及各种物资的回收、退库以及向其他施工现场转移和进行处理工作

内容五　做好电气线路和各种管线的交工前检查，进行电气工程的全负荷试验

图 6-4　施工收尾阶段的工作内容

内容一　组织工程技术人员绘制竣工图，清理和准备各项需要向建设单位移交的工程档案资料，并编制工程档案资料移交清单

内容二　组织以预算人员为主，生产、管理、技术、财务、材料、劳资等人员参加或提供资料，编制竣工结算表

内容三　准备工程竣工通知书、工程竣工报告、工程竣工验收证明书、工程保修证书等

内容四　组织好工程自验（或自检），报请上级领导部门进行竣工验收检查，对检查出的问题，应及时进行处理和修补

内容五　准备好工程质量评定的各项资料，主要按结构性能、使用功能、外观效果等方面，对工程的地基基础、结构、装修以及水、暖、电、卫、设备安装等各个施工阶段所有质量检查资料，进行系统的整理

图 6-5　竣工准备阶段的工作内容

门）规定的竣工标准；工程完成情况是否符合施工图纸和设计的使用要求；工程质量是否符合国家和地方政府规定的标准和要求；工程是否达到合同规定的要求和标准等。

（2）参加自检的人员，应由项目经理组织生产、技术、质量、合同、预算以及有关的施工工长（施工员、工号负责人）等共同参加。

（3）自检的方式，应分层分段、分房间地由上述人员按照自己主管的内容逐一进行检查，在检查中要做好记录，对不符合要求的部位和项目，确定修补措施和标准，并指定专人负责，限期修理完毕。

（4）复验，在基层施工单位自我检查的基础上，并对查出的问题全部修补完

毕后，项目经理应提请上级（如果项目经理是施工企业的施工队长级或工区主任级者，应提请公司或总公司一级）进行复验（按一般习惯，国家重点工程、省市级重点工程都应提请总公司级的上级单位复验）。通过复验，要解决全部遗留问题，为正式验收做好充分的准备。

4. 竣工初验阶段

施工单位决定正式提请验收后，应向监理单位送交验收申请报告，监理工程师收到验收申请报告后，应按工程合同的要求、验收标准等进行仔细的审查。监理工程师审查完验收申请报告后，若认为可以进行验收，则应由监理人员组成验收班子，对竣工的项目进行初验，在初验时发现的质量问题，应及时以书面通知或以备忘录的形式告诉施工单位，并令其按有关的质量要求进行修理甚至返工。

5. 竣工验收阶段

在监理工程师初验合格的基础上，便可由监理工程师牵头，组织业主、设计单位、施工单位等参加，在规定的时间内对房地产项目进行正式验收。

五、竣工验收档案

房地产项目竣工档案是工程在建设全过程中形成的文字材料、图表、计算材料、照片、录音带、录像带等文件材料的总称，它是工程进行维修、管理、改造的依据和凭证，也是竣工投产交付使用的必备条件。项目竣工验收以后，应及时将竣工验收资料、技术档案等移交给生产单位或使用单位统一保管，包括项目交工技术档案和竣工技术档案两大类。

1. 项目交工技术档案

项目交工技术档案包括如图 6-6 所示的内容。

2. 项目竣工技术档案

项目竣工技术档案是承建单位积累施工经验的技术资料，其内容除了包括竣工技术档案全部资料外，还要包括如图 6-7 所示的内容。

六、竣工验收的步骤

竣工验收可分为两个阶段进行，具体如下。

1. 单项工程验收

单项工程验收是指在一个总体建设项目中，一个单项工程或一个车间已按设计要求建设完成，能满足生产要求或具备使用条件，且施工单位已预验，监理工程师已初验通过，在此条件下进行的正式验收。

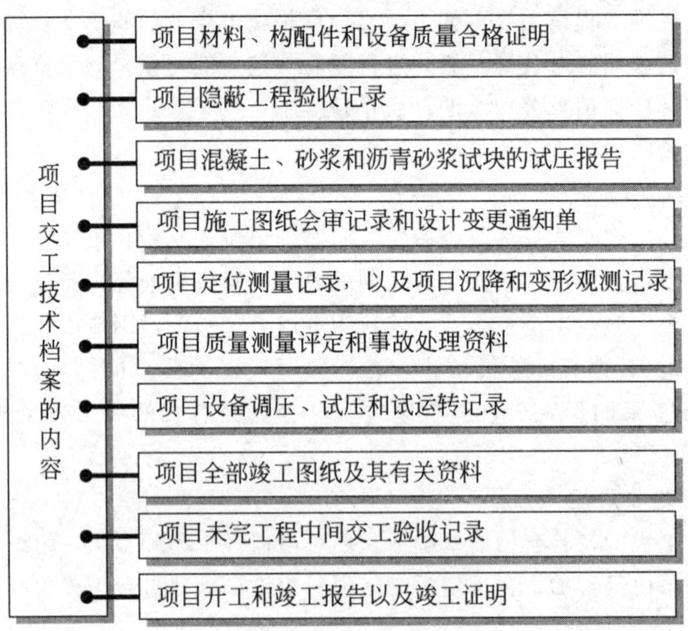

图 6-6 项目交工技术档案的内容

内容一	项目施工规划、单位工程施工规划和施工经验总结
内容二	项目技术革新试验记录
内容三	重大质量或安全事故档案、原因分析和补救措施记录、所采用的重要技术措施
内容四	项目重要技术决定，以及引进技术实施记录
内容五	项目各种混凝土和砂浆配合比资料
内容六	项目施工日记
内容七	项目冬期和雨期施工技术组织措施
内容八	项目施工技术管理经验总结

图 6-7 项目竣工技术档案的内容

（1）由几个建筑安装企业负责施工的单项工程，当其中某一个企业所负责的部分已按设计完成，也可组织正式验收，办理交工手续，交工时应请总包施工单位参加，以免相互耽误时间。

比如，自来水厂的进水口工程，其中钢筋混凝土沉箱和水下顶管是基础公司承担施工的，泵房土建则由建筑公司承担，建筑公司是总包单位，基础公司是分包单位，基础公司负责的单体施工完毕后，即可办理竣工验收交接手续，请总包单位（建筑公司）参加。

（2）对于建成的住宅可分幢进行正式验收。

比如，一个住宅基地一部分住宅已按设计要求内容全部建成，另一部分还未建成，可将建成具备居住条件的住宅进行正式验收，以便及早交付使用，提高投资效益。

2. 单位工程验收

单位工程验收是指整个建设项目已按设计要求全部建设完成，并已符合竣工验收标准，施工单位预验通过，监理工程师初验认可，由以建设单位为主，有监理、设计、施工等单位参加的正式验收。在整个项目进行单位工程验收时，对已验收过的单项工程，可以不再进行正式验收和办理验收手续，但应将单项工程验收单作为单位工程验收的附件而加以说明，具体要求如图 6-8 所示。

要求一　项目经理介绍工程施工情况、自检情况以及竣工情况，出示竣工资料（竣工图和各项原始资料及记录）

要求二　监理工程师通报工程监理中的主要内容，发表竣工验收的意见

要求三　业主根据在竣工项目目测中发现的问题，按照合同规定对施工单位提出限期处理的意见

要求四　暂时休会，由质检部门会同业主及监理工程师讨论工程正式验收是否合格

要求五　复会，由监理工程师宣布验收结果，质监人员宣布工程项目质量等级

图 6-8　单位工程验收的要求

3. 办理竣工验收签证书

竣工验收签证书必须有三方的签字方可生效。

下面提供一份××房地产企业项目工程交付验收办法的范本，供读者参考。

【实战范本】××房地产企业项目工程交付验收办法

××房地产企业项目工程交付验收办法

1　目的

规范项目工程在竣工验收的基础上进行交付验收的工作方法和验收标准。

2　适用范围

本作业指引适用于所有项目工程的交付验收工作。

3　定义和缩写

交付验收：工程部在接收总包施工单位交付房屋时，以安全、质量和满足使用功能为主的验收。内容包括：资料、房屋本体、道路、公建配套、设施设备、绿化景观等。

4 职责

4.1 工程部负责本指引的制定、修改、指导和监督。

4.2 工程部按有关验收标准进行验收，建立书面验收档案，对不合格项目督促相应施工单位整改并负责消项记录。

4.3 施工单位自检合格后，报监理、甲方工程部验收，对不合格项目落实整改工作，负责在规定的交付日期前达到交付标准。

4.4 工程部组织监理、总包施工单位按交付标准进行入伙前检查。

5 工作步骤

5.1 施工单位按交付验收标准应具备的条件和应提交的资料提前做好房屋交付验收准备，在入伙日期之前三个月左右工程部通知总包施工单位进行交付验收。

5.2 监理单位督促施工单位做好交付验收计划，经监理单位审核通过后，报甲方工程部，并将计划抄送工程部备案。

5.3 施工单位于约定的时间配合监理单位、工程部按照计划开始按《新建房屋验收表》《小区公共绿化验收单》《小区公共设施及道路设施验收单》所列项目进行逐项验收，要求在15个工作日内完成。

5.4 如验收有不合格的项目，监理单位签发《质量问题整改通知单》，并抄送工程部；对所列返修项目，施工单位于规定日期内返修完毕交与监理单位、工程部复验直至合格。一般要求在10个工作日内完成，单位工程验收工作应控制在入伙前二个月完成。返修复验由施工单位提出，随时提出，监理单位、工程部随时复验。

5.5 工程部将交付验收结果及时反馈总经办，对于不能及时整改或多次整改仍不合格的质量问题要及时与客户服务中心取得沟通，并制定统一解决方案。工程部组织监理、总包施工单位按交付标准进行入伙前检查。

6 交付验收标准

6.1 资料。交付验收必备资料见下表。

交付验收必备资料

序号	资料类别	资料细目
1	产权资料	(1)用地批准资料 (2)项目批准资料 (3)施工许可证

续表

序号	资料类别	资料细目
2	技术资料	(1)住宅区规划图、小区竣工总平面图 (2)所有单体建筑、结构、设备安装竣工图 (3)单位工程竣工验收证明书 (4)地质勘探报告、沉降观察记录 (5)地下管网竣工图 (6)所有设备订货合同、产品合格证、随机资料(使用说明书、检验报告)、随机专用工具清单 (7)电缆铺设记录 (8)线路及电力电缆试验记录 (9)发电机、电动机检查试运转记录 (10)电气设备试验调整记录 (11)电气设备绝缘检查 (12)电气设备送电验收记录 (13)防雷接地电阻检测记录 (14)防雷引下线焊接记录 (15)水、卫生器具检验合格证 (16)通风机风量测量调整记录 (17)空调器性能测定调整记录 (18)环保达标验收许可证 (19)消防验收许可证 (20)房屋测绘验收资料 (21)房屋验收记录 (22)绿化平面图

6.2　房屋检验标准。

6.2.1　主体结构检验标准：符合工程建设主体结构验收程序，以房屋竣工验收合格证明文件为依据。

6.2.2　住户室内土建部分质量和功能检查标准见下表。

住户室内土建部分质量和功能检查标准

序号	验收项目	检查标准
1	内墙面	(1)表面平整光滑,阴阳角方正顺直,无明显抹纹,接槎平整,无空鼓开裂,批嵌细腻,无脱皮 (2)预留洞、槽、管道等色泽一致,尺寸正确、方正、整齐、光滑 (3)墙表面细裂缝空鼓处,经修补后应保持与原墙面色泽一致,无修补痕迹
2	顶棚(层高),开间尺寸	(1)验收标准基本同内墙面 (2)顶棚在平整度的基础上水平,观感质量良好

续表

序号	验收项目	检查标准
3	地坪	(1)地坪表面平整,水泥颜色一致,清洁干净,无污染,无开裂空鼓,表面无麻面,不起砂 (2)地坪2米靠尺和塞尺检查平整度允许偏差小于4毫米 (3)踢脚线平整顺直,高度一致,无空鼓开裂,与墙面结合牢固,上下接槎平整,分色清楚
4	进户门、电表箱门	(1)门扇开启灵活,不碰擦,无自开、自关、回弹现象 (2)表面平整,光洁无雀丝、划痕、毛刺、锤印和缺、断角 (3)门框与墙体间砂浆填嵌饱满均匀;框的正、侧面垂直;门锁、拉手、插销、小五金、门碰头安装齐全,无遗漏,安装位置准确
5	阳台	(1)墙面平整无空鼓开裂,大墙角、阴角挺拔通直,表面无明显射影和波纹,阴阳角清晰不含糊;涂料均匀,无色差、无接痕、无污染 (2)地坪除符合楼地面要求外,不倒泛水,无积水、无渗漏、无空鼓开裂 (3)阳台栏杆表面无明显凹面和损伤,划痕不超过0.5毫米,栏杆整齐一致,位置正确;阳台挂落线宽度一致,出底板高度一致 (4)阳台立管清洁无污染
6	卫生间、厨房间	(1)墙面细沙批嵌粗细一致,平整清洁,纹路上下顺直,无裂缝,不起壳,地坪平整 (2)卫生间地面48小时渗水试验,以水覆盖满地面为准,达到不渗不漏 (3)各出水管道灌水通球试验,每根管道试验2分钟
7	门窗	(1)门窗开启灵活,无倒翘、阻滞及反弹现象,五金配件齐全,位置正确 (2)门窗框扇表面外观洁净,无划痕、碰伤、拉毛现象;滑槽内无垃圾,排水孔通畅,玻璃表面洁净,无划伤、无气泡,双层玻璃夹层内无灰尘和水气,双玻隔条横平竖直,不翘曲 (3)硅胶槽顺直,槽口方向、宽度、深度符合设计要求,硅胶施放均匀,边缘整齐,圆弧光滑
8	外墙	(1)墙面平整无空鼓开裂,细沙批嵌均无明显接搓,涂料均匀,无色差、无接痕、无污染 (2)外墙无渗漏水
9	屋面	(1)各类房屋排水畅通,无积水、不渗漏 (2)坡、平屋面应有隔热保温措施,三层以上房屋在共用部位应设置屋面检修孔 (3)阳台和三层以上房屋的屋面应有组织排水,出水口、檐沟、落水管应安装牢固、接口平密、不渗漏

6.2.3 给排水、电器部分检查标准见下表。

给排水、电器部分检查标准

序号	验收项目	检查标准
1	给水管	(1)水表安装位置正确、平整,给水阀门的位置准确,开关严密、灵活 (2)所有给水管(含热水管)都有试压报告和验收记录,管道无渗漏
2	排水管	(1)排水管每层洁具留口位置准确,厨房、卫生间地漏高出地坪0.5~1厘米,阳台地漏低于地表面0.5厘米 (2)检查口位置正确,清扫方便 (3)有灌水通球试验无渗无漏记录,排水通畅
3	空调、雨落管	(1)按规范安装伸缩节,伸缩节安装高度应统一 (2)管道支承件的间距应统一,立管ϕ75以上的支承件间距不大于2m (3)雨落管口与排水明沟中心、月亮弯中心三点成一线 (4)所有管道不堵不漏,排水通畅
4	煤气管	(1)煤气管明敷,离墙面3.5~4厘米,煤气管每层加套管,套管高出地坪8~10厘米,安装位置准确牢固 (2)管道安装完毕后应将接口和管壁清理干净,作防腐处理
5	开关、插座(含电视机、电话)	(1)线材色标合理,接线正确,左零右相,相线为红线,零线为兰线,接地为黄绿双色线,接地接触紧密 (2)开关、插座面板并列安装高差允许偏差0.5毫米;每户内面板高差允许偏差5毫米;面板的垂直度允许偏差0.5毫米 (3)用户箱内标识正确
6	避雷带	有全面测试接地电阻符合设计要求阻值的检测和验收记录,无明确时应小于10欧姆
7	配电箱	(1)元件齐全,接地正确,线材色标正确,排列清楚,接触严密(相线为红线、黄线、绿线,零线为兰线,接地线为绿黄双色线) (2)配电箱盘面垂直

6.2.4 室外公建工程检查标准见下表。

室外公建工程检查标准

序号	验收项目	检查标准
1	室外排水工程	(1)窨井布置合理,出水口四周封闭紧密,粉刷符合要求 (2)各类窨井盖完整无缺,无翘裂、断裂、变形,易于开启 (3)管道应顺直且排水通畅,有闭水试验和冲水试验的验收记录 (4)管路及窨井中无建筑垃圾

续表

序号	验收项目	检查标准
2	行车道路和停车位、自行车棚	(1)行车路面应无裂纹、脱皮、麻面和起砂等缺陷 (2)行车路面的纵缝、横缝必须沿全长作通，纵缝和横缝必须贯通，允许偏差：纵缝 20 米长度内不得大于 20 毫米，横缝在路面宽度内不得小于 10 毫米 (3)混凝土道路割缝平整，伸缩缝处油膏灌缝密实平整，油漆完成，美观 (4)路面平整，坡度符合设计要求，经泼水试验无积水现象 (5)植草砖铺设平整，无残缺、无积水现象，路缘石和车位分线合理 (6)房屋入口处必须做室外道路，与主干道相通，路面泼水后无积水、空鼓和断裂现象 (7)自行车棚等室外构筑物、设施满足设计要求和使用功能，相关资料齐全，并经验收合格
3	小区景观	(1)小区内道路平整，道板砖铺设整齐，无松翘，分界处层次清晰，集水井分布合理，路面和绿地无积水现象，休闲娱乐设施完好，有验收合格证明 (2)绿化用水试压符合要求，水表及保护设施安装符合要求，水龙头处排水通畅，无积水 (3)室外照明系统设计和施工满足管理需要，线路绝缘通电性能良好
4	绿化	(1)植物数量、品种、规格符合设计合同要求，提供竣工图纸，植物材料应有“植物检疫表”及苗木出圃单，基本无黄土裸露，并落实保修、包活责任和期限 (2)土地平整及施肥：排水坡恰当，无杂草根、茎，花坛施腐熟基肥 (3)草坪：间铺、点铺草坪，大小一致、均匀，草块与土壤密结、平整；铺设完成，做到不露土层 (4)切草边：线条清晰，平顺自然 (5)花坛、草本地被：高矮、密度符合设计要求，株行距均匀，种植深度恰当，根部捣实 (6)定向及排列：树木朝向的主要视线应丰满完整、生长好、姿态美 (7)垂直度、支撑、绕杆：材料、高度、方向及位置应整齐划一

6.2.5 设备验收标准见下表。

设备验收标准

序号	验收项目	检查标准
1	水泵房土建	(1)顶棚、墙面、地坪、门窗门锁符合要求 (2)水泵四周排水沟及总排水沟能正常使用 (3)防噪声:措施合理有效
2	水箱	(1)附属设施齐全:内外爬梯、透气孔(帽) (2)管道同墙体接触处无渗漏 (3)水箱内外垃圾清理干净
3	设备安装电气控制柜	(1)安装牢固,便于操作和维修 (2)电气控制柜内器件及配线符合规范,接线端线路标识清楚,铭牌规范 (3)电气控制柜的控制各种功能同实际运转设备相匹配 (4)建筑室外控制线同控制柜接口有保护装置 (5)控制柜前绝缘毯完好 (6)联动负荷试车合格
4	水泵及电动机	(1)水泵电动机安装符合规范,启动和运行平稳,无异响 (2)电动机和水泵运转时,各部件发热正常 (3)电动机接线符合规范,且端口有保护措施 (4)各种部件无异常,各项技术指标符合规范要求 (5)档案资料齐全:完整竣工图纸同现场安装一致,隐蔽工程、试运转记录、性能检测记录齐全,控制柜的原理图、接线图、变更图、操作说明书齐全,合同复印件、各部件产品的合格证、厂家和施工单位的详细联系电话等齐全
5	阀门	(1)阀门开关完好、灵活 (2)标识清晰、正确
6	电气仪表	(1)安装符合规范,便于观察和维修 (2)仪表读数正确,偏转流畅,无卡塞现象 (3)电线敷设布局合理
7	报警装置	(1)报警功能准确:底水位、高水位、超水位均能报警 (2)缺水有自动保护,切断电机运转,并报警
8	照明	(1)日常照明安装符合要求 (2)应急照明功能良好,位置合理
9	其他	(1)支架安装合理,减震措施得当,管道油漆和标识指示符合规范 (2)水压试验及保温、防腐措施符合要求:设备、管道不应有跑、冒、滴、漏现象 (3)维护用工具仪器、仪表及维护备件齐全

续表

序号	验收项目	检查标准
10	电梯验收	(1)电梯安全部门出具的认可文件或者准许使用文件齐全 (2)电梯各项功能正常:能准确地启动、运行、选层、平层、停层,电引机的噪声和震动声不得超过 GBJ 232 的规定值,制动器、限速器及其他安全设备应动作灵敏可靠,辅助实施如空调等正常,外观和装饰面完好无损或保护措施良好,维护用工具仪器、仪表及维护备件齐全 (3)在验收时应提供下列资料和文件:电梯类别、型号、驱动控制方法、技术参数和安装地点、制造厂提供的随机文件和图纸、电梯检查及电梯运行参数记录
11	消防设施	(1)有消防部门检验合格证 (2)消防泵和外围设备联动正确 (3)消防设备齐全,功能正常(消防箱、小区内消防分区阀门、消防结合器、泄压阀、安全阀等) (4)维护用工具仪器、仪表及维护备件齐全 (5)消防紧急照明和疏散指示灯正常 (6)档案资料齐全 (7)完整竣工图纸同现场安装一致 (8)隐蔽工程、试运转记录、性能检测记录齐全 (9)控制柜的原理图、接线图、变更图、操作说明书齐全 (10)合同复印件齐全 (11)各部件产品的合格证、厂家和施工队的详细联系方式齐全
12	弱电系统(有线电视、电话、网络)机房	(1)排线美观,设备机架布局合理,符合规范,便于操作和维修保养 (2)主、备用电源工作正常,能互相自动切换 (3)各设备运行正常 (4)抗干扰和抗静电、防小动物等防护措施完好 (5)档案资料齐全:隐蔽工程、试运转记录、性能检测记录齐全;控制柜的原理图、接线图、变更图、操作说明书齐全;合同复印件、各部件产品的合格证、厂家和施工队的详细联系方式齐全(因上述设备产权归相关部门,他们负责维修及故障处理,物业掌握相关资料即可)
13	分质供水设备	(1)有卫生部门检验合格证 (2)系统设备齐全,运行正常,随机抽查,处理过的水质达到国家标准 (3)附属设施完好(泄压阀、安全阀等) (4)维护用工具仪器、仪表及维护备件齐全 (5)紧急照明和疏散指示灯正常 (6)档案资料齐全:完整竣工图纸同现场安装一致,隐蔽工程、试运转记录、性能检测记录齐全,控制柜的原理图、接线图、变更图、操作说明书齐全,合同复印件、各部件产品的合格证、厂家和施工队的详细联系电话单等齐全

续表

序号	验收项目	检查标准
14	游泳池设备	(1)有安全、卫生部门检验合格证 (2)有泳池水泵房和管道安装检查标准(参见水泵房标准) (3)游泳池设备及附属设施齐全,运行正常 (4)维护用工具仪器、仪表及维护备件齐全 (5)游泳池设备房紧急照明正常 (6)档案资料齐全:完整竣工图纸同现场安装一致,隐蔽工程、试运转记录、性能检测记录齐全,控制柜的原理图、接线图、变更图、操作说明书齐全,合同复印件、各部件产品的合格证、厂家和施工队的详细联系电话单等齐全

6.2.6　安防系统。

(1) 各分项系统有安防部门检验合格证明。

(2) 各分项系统运行正常，验收标准见下表。

各分项系统验收标准

序号	验收项目	检查标准
1	可视对讲系统	(1)能实现三方通话功能,通话时声音清晰,无杂声干扰 (2)室内机和中心机开锁功能正常 (3)图像清晰,无杂波
2	闭路电视监控系统	(1)图像清晰,无杂波(能看清人员样貌、车牌号) (2)能随意观察任意图像 (3)各种录像功能正常 (4)图像再现功能正常,不能失帧 (5)同报警联动正常 (6)各监控点设置布局合理,和环境协调
3	电子巡更系统	(1)巡更器牢固可靠,适应各种恶劣环境 (2)巡更点安设牢固、比较隐蔽 (3)巡更管理软件编写和更改工作正常 (4)信息存取和打印工作正常
4	一卡通管理系统	(1)IC 卡开启门锁和道闸功能正常 (2)IC 卡的开门权限及根据时间、卡号、姓名、门锁号等条件通过电脑软件查询并打印的各门锁开启情况、IC 卡发行或使用情况、用户资料等操作正常 (3)车辆管理程序符合管理需要,车辆进出情况电脑自动记录图像清晰,时间和计费准确
5	周界防越系统	(1)红外线触动报警位置准确,反应时间 20 秒 (2)报警时联动拍摄录像,沙盘显示正常,本系统电脑自动保存
6	安防设备机房	(1)控制柜布局合理,便于保安操作和维修保养 (2)主备用电源工作正常 (3)防护措施完好

6.2.7 商铺。

（1）每个商铺应有独立的供电、供水、排水系统，水电表安装在方便抄表的位置。

（2）应综合考虑预留商铺广告牌的安装位置。

（3）商铺消防应符合消防要求，应有疏散指示灯、消防平面图，配置足够的灭火器材等消防设施。

（4）应设置垃圾桶。

（5）公共通道应采用节能灯。

6.2.8 管理用房验收标准。

（1）管理用房面积按照当地法规要求测算，法规无要求的，按物业总建筑面积千分之三至四比例提供物业管理专用房屋，不足50平方米的按50平方米计。

（2）位置：尽量设置在住宅区中心部位，方便住户。

（3）竣工日期：在向住户发钥匙前30天。

6.2.9 有关居委会用房规定（政府文件）。

（1）面积：按10户1平方米标准考虑（不少于150平方米）。

（2）位置：在物业管理用房附近。

6.2.10 物业管理办公用房装修标准。必须保证物业管理办公用房能够正常使用，即满足以下条件。

（1）地面：水磨石地面或国产防滑地砖地面。

（2）墙面：国产乳胶漆墙面。

（3）顶棚：型钢T型龙骨，石膏板吊顶。

（4）门：普通实木门，局部可用铝合金门。

（5）窗：铝合金或塑钢窗。

（6）水、电、气相关设备：采用一般的国产设备。

（7）前台木制收银柜台、各办公房功能隔断（砖砌、木制或铝合金隔断）、木制住户钥匙柜、办公低柜等。

第二节 项目的防护与移交

为了让开发的房地产项目最终以最佳的状态呈现给顾客，项目经理一定要做好防护管理，以确保最优的交付方式，顺利移交。

一、项目的防护阶段

房地产开发项目防护可划分为三个阶段，具体如图6-9所示。

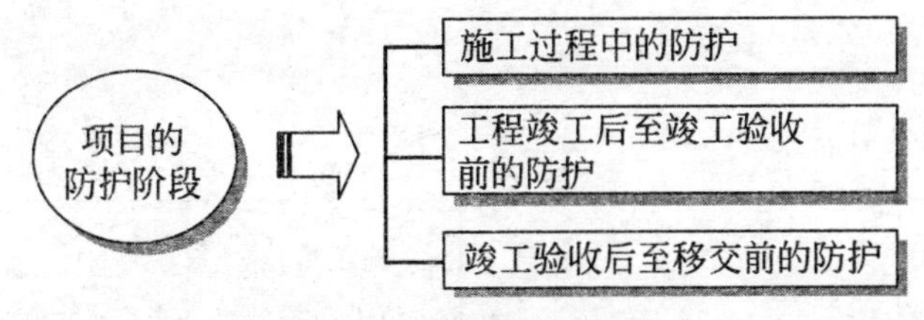

图 6-9　项目的防护阶段

二、项目的防护范围

防护范围包括施工中的未满龄期的混凝土的养护；墙面贴面、地面铺地砖的保护；新刷油漆件的保护；门、窗、玻璃的防护；室外花草的养护；标识系统的维护；给排水设施、供电设施、供气设施、路灯及通信设施的维护等。

三、项目的防护管理

房地产开发项目在防护管理中，要注意如下要点。

（1）施工过程中的防护及工程竣工后到验收前的防护由工程部相关专业的监理工程师监督施工单位参照有关监理细则及竣工验收规范要求进行防护。

（2）竣工后至验收前的防护过程中，工程部施工副经理安排监理人员每周至少一次到现场查看各种防护措施的实施情况及防护状态，并作《监理日记》，发现问题当天通知施工队限期解决，并视问题大小决定是否上报处理。

（3）竣工验收后到项目移交前的防护过程中，工程部施工副经理根据规模安排本项目监理人员做好防护工作，发现问题，填写《防护问题整改通知单》当天通知施工队限期解决，并视问题大小决定是否上报处理，或由工程部施工副经理负责填写《防护范围及要求委托单》，临时委托物业管理处做好防护工作。

下面提供两份××房地产企业开发项目防护管理表格的范本，供读者参考。

【实战范本】××房地产企业开发项目防护管理表格

××房地产企业开发项目防护管理表格

防护问题整改通知单

工程项目名称			
建设单位		施工单位	
防护问题			

整改要求	时间：		
工程部 监理工程师 盖章、签字		施工单位 施工员签收	

防护范围及要求委托单

工程项目名称		防护期间	自　　年　　月　　日 至　　年　　月　　日
建设单位		施工单位	
受托物业公司 （管理处）		受托单位负责人	签名：　　日期：（公章）
防护范围及要求 工程部委托人签名：　　　　日期：（公章）			

四、项目的移交管理

地产项目移交包括工程部将建好的物业移交给地产公司下属的物业管理公司或经招标而聘用的物业公司接管。

（1）工程部项目施工负责人于项目竣工验收后一周内做好项目移交计划，交工程部施工副经理审核，主管副总经理审批后，由项目施工负责人下发通知给业主（或市场部）、物业管理公司、施工单位，如移交给其他部门，则必须下发通知给移交部门。

（2）零星工程项目由零星工程项目施工负责人填写《工作传签单》，向工程部施工副经理请示，确定移交日期、地点、时间和相关单位，然后通知施工单位、接管单位等相关单位。

（3）工程部施工副经理组织相关监理工程师预先填写《工程项目移交清单》，准备好完整的施工图纸。竣工图在三个月内整理完成并移交。

(4) 项目施工负责人按项目移交计划组织工程部、业主（或市场部）、物业管理公司、施工单位有关人员到现场参加项目移交，确认《工程项目移交清单》内容和施工质量问题，若不相符和存在质量问题，由项目施工负责人落实整改，整改完毕后，由物业管理公司确认。

(5) 对于商品住宅，项目施工负责人组织各专业负责人至少提前于预售日30天，填写《商品住宅质量保证书》和《商品住宅使用说明书》范本，且填写《工作传签单》报工程部施工副经理审核后，交市场部经理。市场部经理审核后，交主管副总经理（工程口）、主管副总经理（经营口）联批确认，确认后交工程部、项目开发部报建员各一份，并安排制作印刷。项目施工负责人须注意设计变更对《商品住宅质量保证书》和《商品住宅使用说明书》有无影响，如需修订，须在项目移交前书面告知市场部经理。

(6) 在项目移交前，项目施工负责人组织相关人员就本项目的有关配套设施的使用（如消防设施、煤气、电梯等）对接管单位或业主进行培训。

(7) 现场项目移交完毕后，工程部施工副经理与物业管理公司（或其他接管单位、个人）签订《工程项目移交书》，双方签字盖章后，各执一份，同时协助物业管理公司与施工单位签订保修协议和将保修款划拨到物业管理公司。

下面提供一份××房地产企业物业移交管理流程规范的范本，供读者参考。

【实战范本】××房地产企业物业移交管理流程规范

××房地产企业物业移交管理流程规范

1 目的

规范工程竣工验收及备案后移交物业公司管理的工作流程。

2 适用范围

适用于本项目。

3 术语和定义

移交：指公司开发的工程，通过竣工验收和备案后，并经物业公司确认达到可移交标准，转交给物业公司进行管理的过程。

4 职责

4.1 项目部。

4.1.1 编写工程竣工移交计划。

4.1.2 组成移交小组，组织相关部门沟通、协调移交前的工作。

4.1.3 作为检查小组对细部检查发现的问题，落实并督促承包商进行整改，确保工程达到移交的标准。

4.1.4 组织工程移交验收并办理移交手续。

4.1.5 组织编制工程竣工图、竣工档案，并办理相关资料的移交。

4.1.6 负责对物业公司相关人员进行移交后的工作交底，对重要设备的使用进行相关培训。

4.2 物业公司。

4.2.1 成立物业接管小组，配合项目部进行移交验收，并办理移交手续。

4.2.2 工程移交后，安排相关人员进场并对其进行管理和维护。

4.2.3 对移交的档案资料进行归档保管。

4.3 总承包商。

4.3.1 成立整改小组，参加物业移交验收。

4.3.2 对细部检查验收发现的问题，严格按照限定日期组织施工人员进行整改，并进行复查，确保工程质量达到竣工移交验收标准，保证工程顺利移交。

4.3.3 在通过移交验收后，对工程实体进行清洁、封闭，整理和完善工程竣工资料，保证工程移交的顺利进行。

4.3.4 配合项目部将工程实体移交物业公司进行管理。

4.4 监理单位。

4.4.1 参加物业移交验收，参与移交检查。

4.4.2 负责监督总承包商的整改。

5 工作程序

5.1 细部检查验收。

5.1.1 项目部组织成立检查小组（项目部、营销策划部、物业公司、承包商以及监理单位相关人员组成），根据国家规范和细部检查验收方案对工程进行细部检查验收。

5.1.2 检查小组对验收过程发现的问题进行分类汇总，提交项目部主管工程师。全部问题整改完成后，必须由项目部主管工程师进行20%的抽查复验确认。

5.1.3 监理公司监督总承包商的整改。

5.1.4 细部检查验收过程中，由监理公司根据实际情况组织例会，对工程中存在的问题及时予以协调解决。

5.1.5 整改完毕后，由项目部组织检查小组进行复验，复验合格后进入移交环节。

5.2 移交准备。

5.2.1 项目部应组织工程移交小组在细部检查即将验收结束前召开专题会议，

确定工程移交时间，并书面向物业公司提供以下资料。

（1）工程中存在的无法由施工解决的问题。

（2）物业公司接收工程时应注意的问题。

（3）接收工程设备的物业管理人员的培训计划。

（4）要求物业公司派驻保安进场的时间。

5.2.2 物业公司对工程是否满足物业管理要求和业主使用要求进行验收，并将验收意见书面反馈项目部。

5.2.3 项目部应协调各部门，对物业公司的验收意见进行整改并书面回复。

5.3 组织工程实体移交。

5.3.1 在移交验收及整改完成后，项目部提前通知物业公司工程移交的日期，并组织召开工程移交专题会议。

5.3.2 物业公司安排人员按项目部通知时间参加工程移交，项目部将所有钥匙整理并标识后，移交给物业相关人员（项目部在将工程移交物业公司前，应将工程清扫干净，并全部锁门封闭）。

5.3.3 在移交过程中，物业公司应当办理书面移交手续，在签收后，全面接收和开始管理所接收的工程。

5.4 资料移交。

5.4.1 项目部应将以下的工程竣工资料移交物业公司。

（1）工程所有的承包商和供应商的工作范围和保修联系电话清单。

（2）工程所有的承包商和供应商的合同复印件。

（3）工程竣工资料和竣工图。

（4）工程验收通过文件及工程的前期资料。

（5）工程交房标准。

（6）所有的设备清单和使用说明。

（7）工程质量保修卡。

5.4.2 营销策划部应将业主资料移交物业公司。

5.4.3 物业公司在收到资料后，应负责组织进行验收，如认为不合格，则提出整改意见，当整改完毕后，办理书面移交手续，并将资料归档保存。

6 相关记录

6.1 《细部检查质量问题整改通知单》。

6.2 《新建房屋验收表》（物业公司使用）。

6.3 《小区公共道路设施验收单》（物业公司使用）。

6.4 《小区公共绿化验收单》（物业公司使用）。

6.5 《物业移交单》。

第三节 项目的保修与回访

房地产开发项目保修是指对自身的产品移交时存在的及在国家规定的期限内出现的质量缺陷应负的维修和保证责任。

一、项目的保修范围

根据建设部第80号令，地产项目的保修范围一般如图6-10所示。

- 范围一：屋面漏水
- 范围二：烟道、排气孔道、风道不通
- 范围三：室内地平空鼓、开裂，起砂、面砖松动，有防水要求的地面漏水
- 范围四：内外墙及顶棚抹灰，面砖、墙纸、油漆等饰面脱落，墙面浆活起碱脱皮
- 范围五：门窗开关不灵或缝隙超过规范规定
- 范围六：厕所、厨房、盥洗室地面反水倒坡积水
- 范围七：外墙板漏水、阳台积水
- 范围八：水塔、水池有防水要求的地下室漏水
- 范围九：室内上下水、供热系统管道漏水漏气；暖气不热；电器电线漏电；照明电器坠落
- 范围十：室内上下管道漏水、堵塞；小区道路沉陷
- 范围十一：钢、钢筋混凝土、砖石砌体结构及其他承重结构变形，裂缝超过国家规范和设计要求

图6-10 地产项目的保修范围

注意如图6-11所示的情况不属保修范围。

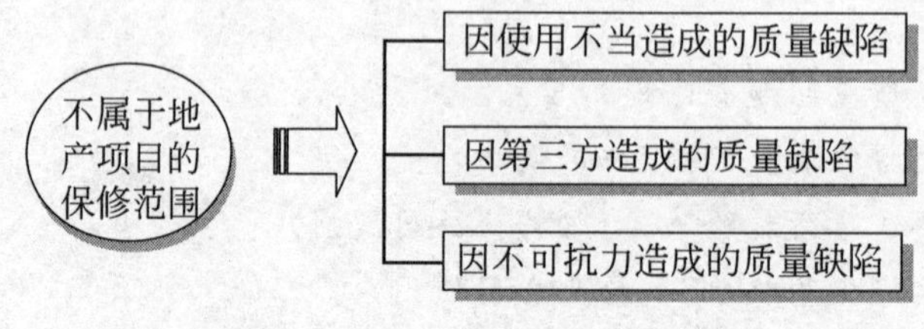

图6-11 不属于地产项目的保修范围

二、项目的保修期限

房地产项目的保修期限如图 6-12 所示。

期限一 地基基础和主体结构工程，为设计文件规定的该工程的合理使用年限

期限二 屋面防水工程、有防水要求的卫生间、房间和外墙面防渗漏，为5年

期限三 供热与供冷系统，为2个采暖期、供冷期

期限四 电气系统、给排管道、设备安装为2年

期限五 装修工程为2年

期限六 其他项目的保修期由建设单位和施工单位约定

图 6-12 房地产项目的保修期限

三、项目的保修程序

房地产项目的保修程序如图 6-13 所示。

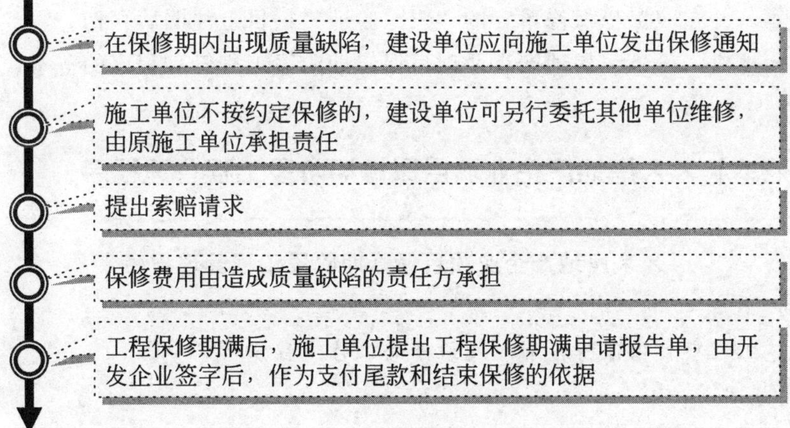

图 6-13 房地产项目的保修程序

四、项目的保修管理

房地产项目的保修管理，需做好如下工作。

1. 确定回访保修时限

竣工工程一年内每半年应回访一次，第二年每年回访一次，第三年年底回访

一次，每次回访要有记录，发现质量问题及时保修。

2. 签订保修合同

（1）工程项目竣工验收前，根据政府规定，施工单位须提供给工程各分项在合理使用寿命年限内承担保修的保证书，即《住宅质量保证书》。

（2）工程移交后，甲、乙双方签订保修合同，项目工程部将《保修合同》和《住宅质量保证书》一同交技术部存档，给售楼部、物业公司各抄送一份。由售楼部或物业公司告之业主以明确公司质量保证的义务，和业主使用的权利和义务。

3. 工程保修

（1）在保修期内，项目工程部接到工程质量保修信息后，指令技术部做好保修信息登记工作，填写《工程保修信息登记表》，其内容包括项目名称、保修事项、信息来源、时间、责任人等，填写《工程保修单》，交项目工程部组织保修工作，此项工作须在1个工作日内完成。

（2）项目工程部组织施工单位进行工程保修，施工单位应在要求时间内完成工程保修，并将结果以书面形式报告项目工程部，项目工程部填写在《工程保修单》的“保修情况”栏目上，将《工程保修单》及施工单位书面材料交技术部。

（3）技术部通过电话或现场核实的形式向物业管理公司了解工程保修是否完成、满意，并在《工程保修单》的“跟踪验证”栏目上注明后存档。

下面提供一份××房地产企业项目保修期阶段工程管理程序的范本，供读者参考。

【实战范本】××房地产企业项目保修期阶段工程管理程序

××房地产企业项目保修期阶段工程管理程序

1 目的

规范工程项目保修阶段管理及维修的工作流程。

2 适用范围

适合于本公司开发的所有工程项目在入住、保修期阶段的管理和控制。

3 术语和定义

保修：对自身的产品移交时存在的及国家规定的期限内出现的质量缺陷应负的维修和保证责任。

4 职责

4.1 工程及采购管理部（客服专员）。

4.1.1 工程竣工备案完成后负责组织移交物业公司并办理相关手续。

4.1.2 负责入住结束前工程维修工作的统一安排、协调及监督管理。

4.1.3 入住结束后，配合物业公司进行工程维修，如遇到严重、复杂的质量维修，应审核维修方案，对维修过程进行跟踪检查。

4.2 物业公司。

4.2.1 负责登记、收集、整理业主的投诉，及时反馈给客户服务中心及工程及采购管理部并跟踪（入住结束前）。

4.2.2 负责对承包商维修人员进行培训和交底。

4.2.3 负责保修期内（入住结束后）的工程维修工作的统一协调和监督管理。

4.3 客户服务中心。

4.3.1 负责收集、整理业主的投诉，协调落实到相关责任部门并对工程维修实施跟踪、检查。

4.3.2 负责每年向公司提交各项目维修情况汇总分析报告。

4.4 总承包商。负责保修期内的工程维修。

5 工作程序

5.1 项目竣工备案到开始入住三个月内。

5.1.1 公司任何部门接到有关工程方面的投诉，均应以书面形式汇总到客户服务中心，由客户服务中心统筹安排处理。

5.1.2 工程及采购管理部接到书面维修单后应立即组织承包商进行维修，并跟踪检查。维修结束后，予以验收，验收合格后，通知物业公司验收。

5.1.3 物业公司验收合格后，需经业主验收并在相应表单上签字。

5.2 入住结束到入住开始三个月后。

5.2.1 公司任何部门接到有关工程方面的投诉均应以书面形式转达物业公司，由物业公司统筹安排处理。

5.2.2 物业公司接到维修单和业主投诉后，应组织承包商到现场查看，由承包商提供维修方案，并确认审批。方案中必须包含有维修工期、维修时间段、施工人数、维修方法等内容。

5.2.3 物业公司负责维修过程的监督、检查、验收。维修完成后，需经业主验收签字。

5.2.4 如遇重大维修或质量问题原因不明的，应通知工程及采购管理部客服专员查看现场，确认审批维修方案。工程及采购管理部客服专员应对维修过程进行跟踪、检查。

5.2.5 物业公司应建立维修档案，将维修情况汇总分析，及时反馈客户服务中心。

5.3 保修期结束前一个月，物业公司应组织对工程项目进行全面检查，对存在的质量问题组织承包商进行保修。

5.4 保修期结束，承包商可书面申请退还工程保修金，物业公司接到申请后，应组织相关人员进行检查，确认无问题后，由物业管理部经理签字确认后，如工程及采购管理部下设的项目部未撤销，由项目部负责，填单申请保修金退还，反之则由采购管理部负责后续退还保修金工作。

6 其他

保修期间，如承包商不履行自己的职责，按工程承包合同和保修合同的相关条款执行。

五、项目的回访管理

工程回访和维修服务也是整个工程质量的延续，在工程竣工，交付使用后，应调查掌握工程质量情况，了解业主的要求，及时解决发现的质量问题，为确保工程质量做好竣工后的服务工作。

(1) 项目工程部应对已交付的工程进行保修期内的回访，回访的内容，调查人数不少于20%入伙业主。

(2) 工程回访可采用电话、信函或现场调查方式，或委托物业管理公司回访，做好《工程回访记录》，如是现场调查，须有业主签名，回访结果形成《工程回访报告》。

第四节 项目的评价与总结

房地产项目投资后评估，是指在房地产项目投资完成之后，对项目的前期工作、项目建设、建成后经营管理情况等进行调查研究，从而判断已完成项目的最终实现情况，以及对项目的前评估（即可行性研究）和相关决策的正确性作出一个客观的评价。

一、项目投资后评估的内容

房地产项目投资后评估包括如图6-14所示的内容。

二、项目的评价方案

根据房地产项目的实际情况，大致有两种评价方案，具体如下。

内容一	项目目标设想是否合理
内容二	项目采用的技术方案是否可行
内容三	项目策划、项目评估、项目融资、项目实施及商业项目运行工作中的得失及其原因
内容四	项目中财务和经济方面的成本、效益预测与实际收支的比较分析
内容五	项目对社会、自然环境等方面的影响与预计情况发生偏差的分析
内容六	对项目的前景展望与建议等

图 6-14 房地产项目投资后评估的内容

1. 第一种方案——按项目运营制定

这种方案就是在项目竣工结束后对项目运营的整体效益、效果和影响进行预测、分析，从中发现问题，分析其原因，总结经验。具体内容如图 6-15 所示。

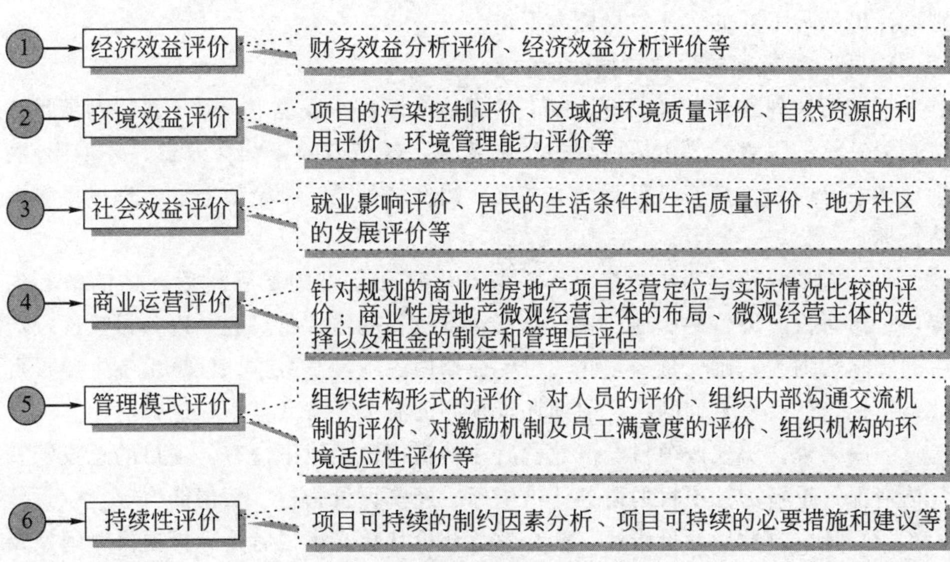

图 6-15 按项目运营制定的评价方案

2. 第二种方案——按项目周期制定

这种就是按照项目的生命周期，对项目从策划决策到最后的运营过程，分阶段进行具体评价分析。具体内容如图 6-16 所示。

三、后评估指标体系建立

房地产项目投资后评估大致有两种方案，根据这两种方案，从不同角度，分

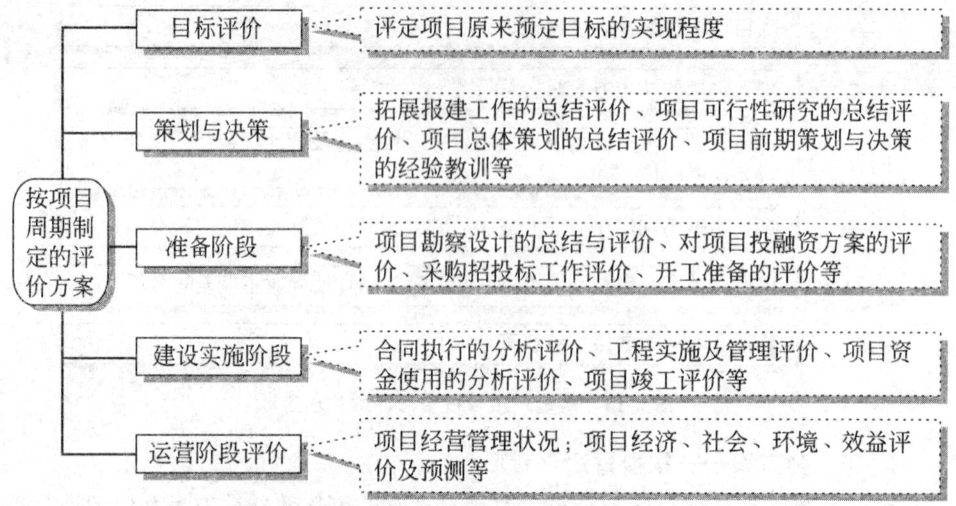

图 6-16　按项目周期制定的评价方案

别设计出两种不同的后评估指标体系。

1. 第一种方案的后评估指标

根据第一种方案，可以设计以下后评估指标：一般说来，对于普通的项目评估必须考察的因素主要包括项目的实施效果、经济效益、社会效益、环境影响、管理体系等因素。受篇幅限制，本书仅介绍经济效益、社会效益、管理体系等评估指标。

（1）经济效益后评估指标。经济效益后评估是房地产项目后评估的核心内容，是指对投产运营的房地产项目投资经济效益的再评价，它是以项目建成投产后的实际数据为基础，重新预测项目生命期内各项经济数据，计算出各主要投资效益指标，然后将它们同项目前期评价预测的有关经济效益指标进行对比。

一般来说，房地产项目经济效益后评估指标包括以下内容：项目的总投资和负债情况；重新测算项目的财务评价指标、经济评价指标、偿债能力等。

（2）社会效益后评价指标。社会效益评价从狭义来说就是分析项目对国家及地方社会发展目标的贡献，分析评价商业性房地产项目建成投入运营后对社会、环境、文化等多目标的影响和贡献，其评价内容包括：环境效益与影响、社会发展目标、分配效益、就业效益、政治与社会安定、人们受教育状况、文化水平、健康状况、人们心理精神状况以及其他社会福利目标等多方面内容。

（3）管理状况后评估指标。房地产项目的特点决定了它的投资回收期更长，甚至持续到整个房地产的存续期，因此在商业性地产后评价中，对经营管理模式的评价也显得格外重要，这也是地产后评价明显区别于其他建设项目后评价的地方。

综合上述分析，可以归纳出在项目竣工结束后对项目运营的整体效益、效果和影响进行预测、分析的房地产投资项目后评价综合评价指标体系，具体见表 6-1。

表 6-1 房地产投资项目后评价综合评价指标体系

一级指标	二级指标	三级指标
房地产项目投资后评价指标体系	经济效益	财务内部收益率
		财务净现值
		项目投资回收期
		总投资收益率
		借款偿还期
		经济净现值
		经济效益费用比
	社会效益	增加就业机会
		提高城市化水平
		提高居民生活质量
		促进经济增长
		对社会文化的适应性
		对污染的控制处理
		对景观的影响
		交通环境的影响
		征地拆迁状况
	管理状况	机构完善性
		人员配备合理性
		管理模式的科学性
		开发模式的科学性
		业态配置的合理性
		配套实施的齐全性
		物业管理水平
		功能地位的匹配性

2. 第二种方案的评估指标体系

（1）项目前期工作后评估指标。项目前期工作后评估指标具体见表6-2。

表6-2　项目前期工作后评估指标

序号	指标内容	说明
1	实际项目决策周期	指项目从提出“项目建议书”起，至项目可行性研究报告被批准为止所经历的时间，该项指标一般以月为计算单位，其反映了投资者与有关部门投资决策的效率
2	项目决策周期变化率	指项目实际决策周期与项目预计决策周期的差与项目预计决策周期的比率，该项目指标一般以月为计算单位，该项指标值大于零表明项目实际决策周期长于项目预计决策周期；指标值小于零表明项目实际决策周期短于项目预计决策周期；指标等于零表明项目实际决策周期与项目预计决策周期正好相等
3	项目勘察设计周期	指从项目建设单位与委托勘察设计单位签订勘察设计合同之日起，至勘察设计文件全部完成并提交建设单位为止所经历的时间，该项指标一般以月为计算单位
4	项目勘察设计周期变化率	指项目实际勘察设计周期与预计勘察设计周期之差与项目预计勘察设计周期的比率，该项指标一般以月为计算单位，预计勘察设计周期一般为建设单位与委托勘察设计单位签订的合同中规定的时间

（2）项目建设实施后评价指标。项目建设实施后评价指标具体见表6-3。

表6-3　项目建设实施后评价指标

序号	指标内容	说明
1	项目实际建设工期	是指项目从开工之日起至竣工验收为止所经历的时间，该指标不包括项目开工后的停建、缓建时间，该项指标反映了项目建设速度，一般以月为计算单位
2	项目工期变化率	指项目实际建设工期与项目计划建设工期的差与计划建设工期的比率，一般情况下，项目计划建设工期为设计确定的工期或计划安排的工期，该项指标反映了实际建设工期与计划建设工期的偏差程度
3	项目单位工程平均定额工期率	指项目各单位工程实际工期与定额工期的比率，该项目指标反映了项目各单位工程施工平均速度，一般以日为计算单位，如果项目所包括的单位工程较多，则应分别计算各个单位工程的定额工期率
4	项目实际投资总额	指项目建设与运营过程中耗费的建设投资、流动资金和建设期利息的和，具体计算应分别按静态实际投资总额与动态实际投资总额两种情况进行

续表

序号	指标内容	说明
5	项目实际投资总额变化率	指项目实际投资总额与预计投资总额的差与预计投资总额的比率,包括静态实际投资变化率与动态实际投资变化率两项指标,该项指标反映了实际投资总额与预计投资总额的偏差程度
6	工程质量指标	反映项目工程质量的指标主要有以下三项: (1)项目实际工程合格品率:指项目实际单位工程合格品数量与项目单位工程总数的比率,以国家有关规定或施工合同有关条款作为项目单位工程合格的指标,该指标值越高,说明项目的工程质量越好 (2)项目实际工程优良品率:指项目实际单位工程优良品数量与项目单位工程总数的比率,以国家有关规定或施工合同有关条款作为项目单位工程优良的标准,该指标值越高,说明项目的工程质量越好 (3)项目实际停返工损失率:指项目累计质量事故停返工增加的投资额与项目累计完成投资额的比率

(3) 项目运营后评价指标，包括财务后评价和国民经济后评价两大部分。项目运营后评价指标具体见表 6-4。

表 6-4　项目运营后评价指标

序号	指标内容	说明
1	财务后评价指标	(1)项目运营成本变化率:项目生产(或运营)成本变化率是指项目生产期的实际产品(或劳务)成本与预测产品(或劳务)价格的差与预测价格的比率 (2)项目利润总额变化率:项目利润总额变化率是指项目生产期年实际利润总额与预测利润总额的差与预测利润总额的比率
2	国民经济后评价指标	主要有实际投资净效益率及其变化率、实际经济净现值及其变化率、实际经济内部收益率及其变化率等有关指标,其实际值的计算方法与第一种经济评价中所述的方法相同,其变化率的计算方法与本节有关方法相同

综合上述分析，可以归纳出按照项目的生命周期，对项目从策划决策到最后的运营过程，分阶段进行具体评价的后评价综合评价指标体系，具体见表 6-5。

表 6-5　分阶段评估后评价综合评价指标体系

一级指标	二级指标	三级指标
房地产项目投资后评价指标体系	项目前期工作后评价指标	实际项目决策周期
		项目决策周期变化率
		项目勘察设计周期
		项目勘察设计周期变化率
	项目建设实施后评价指标	项目实际建设工期
		项目工期变化率
		项目单位工程平均定额工期率
		项目实际投资总额
		项目实际投资总额变化率
		项目实际工程合格率
		项目实际工程优良品率
		项目实际停返工损失率
	项目运营后评价指标	项目运营成本变化率
		项目利润总额变化率
		实际投资净效益率及其变化率
		实际经济净现值及其变化率
		实际经济内部收益率及其变化率